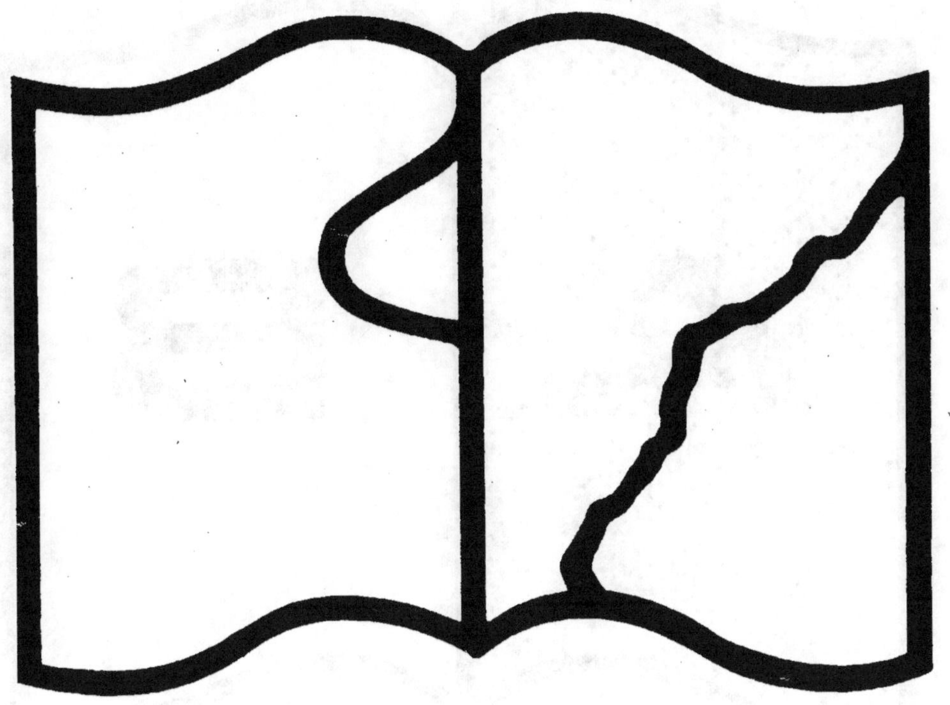

Texte détérioré — reliure défectueuse

**NF Z 43**-120-11

Contraste insuffisant

**NF Z 43**-120-14

# MISSION FORESTIÈRE COLONIALE

## A. BERTIN

PARIS

ÉMILE LAROSE, LIBRAIRE-ÉDITEUR

11, rue Victor-Cousin, 11

# Les bois coloniaux, leur utilisation.

## Mise en valeur des forêts coloniales, sauvegarde de nos forêts de France (1).

*Besoins considérables de la métropole.*

La reconstitution de nos régions dévastées par la guerre, la reconstruction de 250.000 immeubles démolis, la remise en état de nos voies ferrées et de nos mines, l'achèvement de grands travaux suspendus pendant les hostilités et enfin la construction d'une flotte commerciale importante, vont exiger des importations de bois évaluées à huit millions de mètres cubes par an. Pour une seule période de dix ans, il faut donc prévoir une dépense de dix milliards de francs environ qu'il nous faudra payer en or si l'achat est fait à l'étranger.

Dix milliards d'or français iraient, de ce fait, enrichir les régions septentrionales de l'Europe et de l'Amérique, pour le plus grand dommage de notre change.

Les 80 millions de mètres cubes de bois ainsi indispensables devront nécessairement venir du dehors, car nos forêts françaises se trouvent épuisées après cinq années de guerre.

Avant 1914, nous demandions annuellement à l'étranger pour 300 millions de francs de bois divers, en majeure partie

_______

(1) Cette note a déjà paru sous forme d'article dans la revue « Colonies et Marine » en janvier 1920.

1

du sapin et du chêne, achetés en Suède, Russie, Autriche-Hongrie, Amérique et Japon.

Déjà appauvri par l'anéantissement de milliers d'hectares boisés dans nos régions envahies et sur la ligne de feu, privé de tout apport extérieur par la nécessité de réserver le fret disponible au transport des troupes et du matériel de guerre, notre domaine forestier métropolitain a dû, dès l'épuisement des stocks, c'est-à-dire vers le commencement de l'année 1915, alimenter non seulement nos armées, mais encore celles de nos alliés. Pour satisfaire aux demandes de plus en plus considérables, nos forêts subirent une exploitation désordonnée tout d'abord, mieux ordonnée ensuite, après la création des services forestiers d'Armée et de l'Inspection générale des bois ; mais dans l'un et l'autre cas, les coupes furent intensives et préjudiciables à l'avenir.

On estime à environ soixante millions de mètres cubes les bois tirés de nos forêts au cours des quatre années de guerre. En temps normal, notre consommation pendant ce même laps de temps n'eût été que d'une trentaine de millions de mètres cubes. Il en résulte donc sur les années à venir une anticipation de plus de trente millions de mètres cubes qui va nous obliger à laisser partiellement en repos notre domaine forestier métropolitain, dont la production, avant la guerre, ne suffisait d'ailleurs pas à la consommation.

Ainsi nous nous trouvons aujourd'hui en présence d'une forte augmentation de demandes d'une part, et dans la nécessité d'autre part de constituer des réserves diminuant notre production. Au moment même où la France se trouve dans une situation financière précaire, nous serons obligés de payer chaque année à l'étranger une somme considérable qui risque encore d'être amplifiée en conséquence directe des demandes concurrentes de l'Angleterre et de l'Allemagne, depuis longtemps de gros consommateurs de bois. L'Angleterre en importait par an avant la guerre, au moins 16 millions de mètres cubes, c'est-à-dire cinq fois plus que la France.

Et si nous ajoutons à cela la dépréciation de notre change, les bénéfices prélevés par les exploitants et les compagnies de navigation étrangères dont les navires transporteront dans nos ports ces chargements de bois, nous voyons quelle énorme dépense entraîneraient ces achats à l'étranger et combien ils seraient dangereux.

## La France peut et doit trouver dans ses Colonies tous les approvisionnements de bois qui lui manquent.

Les forêts coloniales françaises sont immenses. Elles tiennent à notre disposition non pas uniquement des bois de luxe ou « Bois des Iles », comme on le croit généralement, mais aussi des bois communs ou bois d'œuvre. Leurs ressources, de beaucoup supérieures à nos besoins nationaux sont telles que nos statisticiens eux-mêmes ne sont pas encore parvenus à en évaluer approximativement le nombre de milliards de mètres cubes de bois qu'elles renferment. Ces forêts couvrent environ quatre-vingt-dix millions d'hectares, c'est-à-dire près de deux fois la superficie totale de la France. Elles constituent une réserve presque illimitée ; toutefois, nous devrons n'y puiser qu'en usufruitiers clairvoyants, soucieux de conserver intact le capital à léguer aux générations futures.

On a évalué la superficie de nos forêts d'outre-mer à :

12 millions d'hectares pour la Côte d'Ivoire,
30      »              »          » le Gabon et hinterland,
12      »              »          » le Cameroun,
 5      »              »          » la Guyane,

soit environ 60 millions d'hectares pour nos Colonies de l'Atlantique, les seules auxquelles on ait actuellement l'intention de faire appel pour le bois d'œuvre. Il ne faut pas songer, en effet, sauf pour le cèdre et le liège, à l'Afrique du Nord, malgré l'avantage de sa proximité, parce qu'elle serait plutôt en déficit pour ses propres besoins ; quant aux bois des Antilles, quelque séduisants qu'ils [puissent paraître, ils ne se prêteraient sans doute pas à une exploitation intensive.

En ce qui concerne nos autres colonies, dont les forêts couvrent approximativement :

A Madagascar . . . . .     9 millions d'hectares,
En Indochine . . . . .     25     »         »
En Nouvelle-Calédonie . .     200.000 hectares,

on considère, pour le moment, qu'en raison de leur éloignement, il serait trop coûteux de leur demander des bois d'œuvre dont elles trouveront d'ailleurs le placement avantageux sur les marchés plus rapprochés du Sud-Africain, de la Chine ou des îles de la Sonde. On encouragera, toutefois, l'exploitation de leurs bois précieux, déjà importés en France avant la guerre.

*<br>* *

Quelles quantités de bois peuvent nous fournir les quatre colonies atlantiques ?

Les amateurs de statistiques écrivent que la Côte d'Ivoire, à elle seule, pourrait produire 3 milliards de mètres cubes. Si nous y ajoutons les richesses de la forêt équatoriale, d'un seul tenant, Cameroun et Gabon et, au besoin, celles de la Guyane, nous arrivons à une évaluation pratiquement illimitée. Il ne s'agit que d'exploiter ces ressources.

Nous allons examiner successivement, à ce point de vue :

I. — La situation actuelle de chacune de ces quatre colonies, les facilités ou les difficultés qu'y rencontrent les exploitants.

II. — Après quoi, nous étudierons la matière première ellemême, c'est-à-dire les différentes espèces de bois coloniaux à mettre en œuvre dans l'industrie métropolitaine.

III. — Nous verrons enfin en détail ce qu'il y a lieu de faire pour que ces bois puissent, dès à présent et pendant une durée très longue, fournir à la Métropole les énormes quantités qui lui seront désormais de plus en plus indispensables, car il ne faut pas que, selon la prévision pessimiste de Colbert : « La France périsse faute de bois ».

## I

# ÉTUDE DE NOS GRANDES COLONIES FORESTIÈRES
# AU POINT DE VUE DE L'EXPLOITATION DES BOIS

*Principaux éléments de production.* — Nous empruntons le fonds de l'exposé ci-après au journal *L'Illustration Economique et Financière* qui, dans son numéro du 26 juillet 1919, a publié un excellent article sur la question des Bois Coloniaux.

*
* *

LA CÔTE D'IVOIRE. — A la Côte d'Ivoire, la forêt couvre, jusque sur la plage même, la totalité de la partie méridionale de la Colonie, sur une profondeur moyenne de plus de 300 kilomètres, sauf vers le centre où elle se réduit à 150 kilomètres d'épaisseur.

*Moyens de transport.* — De nombreux cours d'eau sensiblement parallèles, dont quatre grands fleuves, y pénètrent profondément. Ils sont praticables, suivant le point considéré de leur cours, aux vapeurs, aux petites embarcations, aux pirogues ou simplement flottables. Dans la partie orientale, ils aboutissent tous à un réseau de lagunes navigables, plus ou moins reliées entre elles (naturellement ou par des canaux en construction), et dont la principale, la lagune Ebrié, borde la côte sur plus de 150 kilomètres. Ce sont autant d'excellentes voies d'accès à la zone forestière et de transport vers la mer, auxquelles il convient d'ajouter un chemin de fer ouvert sur plus de 300 kilomètres et qui traverse la forêt dans sa partie la moins large. Enfin, la Colonie possède un important réseau routier où circulent facilement les automobiles, tout au moins pendant la saison sèche.

A côté de ces avantages, il faut signaler le gros inconvénient, commun d'ailleurs à presque tous les ports de la côte nord du Golfe de Guinée, constitué par « la barre ».

Le port de Grand-Bassam est le seul de la Colonie qui possède un wharf permettant d'effectuer en toute sécurité, au delà du point où roule la barre, les opérations de chargement et de déchargement.

*Main-d'œuvre forestière.* — La main-d'œuvre pour les travaux en forêt est actuellement gaspillée. En l'absence de tracteurs et de bêtes de somme, c'est à bras d'hommes que sont traînées les grumes, souvent sur des parcours de plusieurs kilomètres. Malgré cette mauvaise utilisation des forces humaines, la main-d'œuvre est à peu près suffisante pour la trentaine d'exploitations existant actuellement. Il n'en sera sans doute plus de même si on ne se décide pas à employer les machines quand les exploitations deviendront plus nombreuses ou prendront plus de développement.

Peut-être trouvera-t-on alors parmi les populations soudanaises, notamment au Mossi très peuplé, les travailleurs nécessaires. Ces enrôlements lointains cadrent très bien d'ailleurs avec les goûts des indigènes, restés sinon nomades, tout au moins très voyageurs. La meilleure solution des crises de main-d'œuvre sera donc l'achèvement d'un grand réseau de *chemin de fer transafricain de rocade* qui assurera le drainage intermittent des régions soudanaises vers les zones forestières. Les noirs s'embaucheront toujours très volontiers pour quelques mois, et à la condition de revenir périodiquement dans leur pays d'origine, pour y reprendre la vie semi-contemplative permise par la nature clémente et prolifique des tropiques.

Il faut par conséquent prévoir pour les grands travaux de mise en valeur forestière, plusieurs équipes se relayant, et assurant ainsi par rocade la permanence du travail, car l'appât seul d'un salaire n'est pas prêt de déterminer le noir à travailler régulièrement et de façon soutenue.

On peut se demander si le principe de la *liberté du travail ou de la paresse*, qui n'existe en fait ni pour les blancs, ni même pour leurs enfants (astreints à l'instruction gratuite et obligatoire), est d'une application bien judicieuse pour les noirs, dont la paresse volontaire entraîne la stagnation complète de leur race, de leur pays et de toutes nos Colonies d'Afrique, si fertiles et si propres à tous les développements (agricoles comme forestiers).

Ne serait-il pas à propos de proclamer au contraire, l'obligation à un travail raisonnable et coupé de périodes de repos, au lieu de patroner la paresse qui est le grand vice de tous ces peuples d'Afrique, mourant de faim à côté de bananiers épuisés, qu'ils n'ont jamais eu le courage ni la prévoyance de replanter quelques mois plus tôt. Et Dieu sait si la multiplication des bananiers est facile à obtenir !

Il n'est question ni d'esclavage, ni d'impositions brutales ; cependant, en acceptant la conquête de nos Colonies, nous avons pris charge d'âmes et assumé une besogne d'éducateurs qui ne peut se borner à proclamer l'*égalité* devant la famine et la *liberté* de s'abrutir par l'alcool. Un peu plus de *fraternité* s'impose, et c'est notre devoir absolu de frères aînés, d'entraîner cette race noire vers le travail, par les moyens simples et paternels dont un instituteur use vis-à-vis de ses élèves.

De ce que les noirs d'Afrique sont généralement indolents et dépourvus d'initiative, il ne faut pas conclure qu'ils soient incapables de travailler. Ils sont au contraire très résistants et extrêmement vigoureux lorsque le chef de chantier s'occupe sérieusement de leur nourriture. Les travaux de force qu'ils sont obligés de fournir actuellement pour la sortie des bois, sans aucun moyen mécanique de traction, sont incroyables en même temps que ridicules. La grande qualité des noirs d'Afrique est la docilité qui les rend aptes à produire beaucoup avec une bonne organisation qu'ils sont incapables d'imaginer eux-mêmes. Autrefois on les a seulement exploités, il faut maintenant les éduquer et les aimer, et cette seule formule résoudra le problème de la main-d'œuvre forestière, dans ces régions beaucoup plus peuplées en tous cas que les forêts des deux Amériques.

*Essences de bois.* — Les exportations de bois de la Côte d'Ivoire ont atteint en 1913 le chiffre de 42.700 tonnes, portant surtout sur « l'acajou de Grand-Bassam ». Mais il existe encore beaucoup d'autres espèces, avantageusement exploitables (dont certaines pouvant remplacer le chêne et le teck) et susceptibles d'être employées pour la menuiserie, la charpente, les wagons, les constructions navales et l'ébénisterie de luxe. Ces essences sont étudiées dans les pages suivantes.

*
* *

GABON. — Au point de vue des possibilités forestières, le Gabon est encore plus favorisé que la Côte d'Ivoire. Sa forêt, qui couvre plus de 30 millions d'hectares, en comptant l'hinterland du Moyen-Congo, s'étend parallèlement au littoral, parfois jusqu'au rivage même. Sa profondeur augmente progressivement, quand on remonte du Sud vers le Nord, où elle déborde largement vers l'Est dans le Moyen-Congo, au delà de la Sangha et jusqu'à l'Oubangui.

Les essences les plus variées s'y rencontrent, pouvant remplacer notamment le noyer pour l'ébénisterie, le chêne pour les traverses, la charpente, la menuiserie. Celle dont on a exporté jusqu'ici les plus grandes quantités est l'Okoumé (134.000 tonnes en 1913), bois résistant quoique léger, qui convient parfaitement pour la menuiserie, les parquets et le contreplacage.

Il n'existe dans la Colonie, ni chemins de fer, ni routes. Toutefois, l'exploitation est favorisée par un admirable réseau de fleuves (notamment l'Ogooué), des lacs et lagunes, qui permet à peu de frais les transports des lieux de peuplement aux ports d'embarquement. Aussi les exploitants sont-ils nombreux.

On n'a pas ici comme à la Côte d'Ivoire l'inconvénient de la barre, on y trouve même trois excellents ports : Cocobeach, Libreville et Cap Lopez (ou Port-Gentil). Cette dernière rade, déjà desservie par les multiples bras de l'Ogooué, pourrait être reliée, sans entraîner de grands travaux, à une série de lagunes aux rives merveilleusement boisées et de navigation facile, telles que les Lagunes de Fernan Vaz, Iguéla, Setté-Cama et Mayumba.

En revanche, on souffre au Gabon d'une pénurie de main-d'œuvre inquiétante. Peut-être pourra-t-on y remédier dans une certaine mesure en attirant des travailleurs du Cameroun ou du Soudan, surtout quand le chemin de fer transafricain permettra la rocade des équipes. D'autre part la grande peuplade des « Pahouins », race vigoureuse qui habite l'intérieur, fournira d'excellents bûcherons, lorsque les tribus, encore sauvages, seront un peu plus habituées aux hommes blancs.

*
* *

Cameroun. — La grande forêt du Gabon se prolonge sans discontinuité au Cameroun, dont elle couvre tout le Sud, sur 12 millions d'hectares environ, jusqu'au 4° ou 5° parallèle de latitude Nord, c'est-à-dire jusqu'au Nord de Douala.

Pendant longtemps, toute l'attention des colons allemands s'étant portée exclusivement sur les plantations : cacao, tabac, bananier, etc... ce n'est que dans les toutes dernières années de leur occupation qu'ils avaient songé à l'exploitation forestière. Leurs exportations de bois, en 1911, 1912, 1913, n'avaient pas dépassé progressivement 7.000, 12.000 et 23.000 tonnes, portant principalement sur l'Okoumé, l'acajou et l'ébène. Mais avec leur fameux esprit d'organisation, ils avaient alors abordé la question industrielle par le côté vraiment pratique et installé six scieries bien outillées qui fonctionnaient déjà au Cameroun en 1914, tandis que nos scieries africaines étaient encore des plus rudimentaires.

Ce territoire récemment soustrait à l'influence allemande présente, pour l'exploitation forestière, d'excellentes conditions. Ses ressources sont considérables et facilement accessibles. Son principal port d'embarquement, Douala, est desservi par deux lignes ferrées et un important réseau de voies navigables. Enfin, on trouve assez facilement sur place la main-d'œuvre nécessaire à l'exploitation.

*
* *

Guyane. — La Guyane Française possède des forêts vierges de toute beauté, où l'on trouve les espèces les plus variées, aussi bien comme bois d'œuvre que comme bois de luxe. Le Balata y produit une gomme fort estimée.

A notre connaissance, il n'existe encore dans cette Colonie aucune grande exploitation actuellement en mesure de nous fournir des quantités de bois appréciables.

A défaut de chemins de fer ou routes allant vers l'intérieur, on peut utiliser les fleuves, nombreux et importants, dont on pourrait améliorer les rapides. Le port de Cayenne est envasé et hors d'état de servir à une exploitation intensive, sans entreprendre des travaux qui exigeraient beaucoup de temps et d'argent. Par contre, le port de Saint-Laurent-du-Maroni permet de travailler dans de bonnes conditions.

La main-d'œuvre est inexistante en Guyane. Dans la population libre (30.000 habitants en 1911), les travailleurs qui consentent à s'éloigner de Cayenne ou de la côte, sont des chercheurs d'or, qui n'abandonneront certainement pas leurs placers pour se faire bûcherons. Il n'y a rien à faire avec les 3.500 peaux-rouges ou nègres-boschs épars dans la forêt. Quant à la main-d'œuvre pénale, les résultats qu'elle a donnés, tant à la Nouvelle-Calédonie qu'à la Guyane même, laissent peu d'illusions sur le travail à attendre de nos forçats qui ne valent décidément pas les convicts de l'Australie. La main-d'œuvre forestière devra donc être importée en Guyane, et ceci n'est pas une mince difficulté.

*<br>* *

MADAGASCAR. — En 1913, Madagascar a exporté 6.475 tonnes de bois d'une valeur de 500.000 francs environ. Ce commerce comprend presque exclusivement l'ébène représenté par plusieurs espèces du genre Diospyros que les indigènes appellent Hazomainty ou Hazomafana, le palissandre : Voambona (Dalbergia) et le bois de rose. Un grand nombre d'autres espèces ont été utilisées sur place ou sont susceptibles de l'être ; elles appartiennent aux genres : Casuarina, Rhizophora (ou Palétuviers), Eugenia, Anthocleista, Calophyllum, Tamarindus, Mixia, etc.

Malheureusement l'exploitation des forêts malgaches est contrariée par les grandes difficultés que l'on rencontre pour y pénétrer, et le manque de moyens de transport pour amener les produits à la côte ; mais le jour où ces conditions seront plus favorables, on pourra en tirer d'excellents produits pour l'exportation dans les régions africaines voisines, qui manquent de bois pour les chemins de fer et les constructions de toute nature.

*
* *

INDOCHINE. — L'importation des bois d'Indochine en Europe est pour ainsi dire nulle et n'a guère changé depuis 15 ans : on peut l'évaluer à 1.500 mètres cubes de bois débités chaque année, de l'essence appelée « Lim » (Baryxylon). — Pendant la guerre, notre artillerie et notre aviation ont utilisé en outre pour les crosses de fusil, les roues de canons, et les hélices d'avions, quelques centaines de mètres cubes de « Bang-Lang » (Lagerstroemia). Les fameux « bois de cercueil » (Conifères) se rencontrent surtout dans le territoire de Hagiang.

Au Tonkin, les massifs forestiers commencent à s'appauvrir sérieusement, mais le Laos, l'Annam et surtout le Cambodge ont encore des réserves immenses, facilement exploitables en plusieurs points. La Cochinchine est tout spécialement favorisée sous le rapport des moyens de transport.

En 1912, l'exportation des bois d'Indochine a porté sur 5.760 tonnes d'une valeur totale de **1.670.000** francs. Le trafic des bois est surtout local et l'éloignement de cette énorme richesse forestière rend l'exportation vers l'Europe assez difficile. Mais la demande ne cesse de croître sur le marché local et dans les ports chinois voisins.

Parmi les espèces donnant lieu à un commerce déjà intéressant et susceptible d'avenir il faut citer après le « Lim » et le « Bang-Lang » : le « Teck du Laos » (Tectona Grandis), des Ebènes, des Dalbergia, des Dipterocarpus, divers Shorea, le Caoï rangé dans le groupe des palissandres et le Goï qui a fourni les beaux meubles anciens des Chinois.


## II


## MATIÈRE PREMIÈRE A UTILISER. ÉTUDE TECHNIQUE DES BOIS COLONIAUX


En fait de bois coloniaux, on ne connaissait jusqu'ici en France que quelques bois précieux dénommés pompeusement et inexactement *bois des îles* et dont l'usage était réservé à l'ébénisterie d'art.

Encore l'importation de ces bois précieux était-elle insignifiante en comparaison des quantités que la France faisait venir de l'étranger. Chaque année, nous demandions à l'Europe et à l'Amérique environ trois millions de mètres cubes de bois d'œuvre, tandis que nos Colonies exportaient à peine deux cent mille mètres cubes par an.

Il a fallu les dures nécessités imposées par la guerre pour détruire la légende qui peuplait nos massifs coloniaux uniquement d'acajou, de palissandre ou d'ébène et leur refusait la possibilité de renfermer des bois communs parfaitement propres à remplir les conditions requises par l'industrie.

Il nous faut désormais rompre avec la vieille routine qui ne nous faisait prévoir dans l'exécution des travaux publics que l'emploi d'un petit nombre de bois de pays et de bois du Nord, sans nous préoccuper de savoir si nos colonies ne possédaient pas des bois meilleurs pour la construction et d'un prix de revient moins élevé.

### Prix de revient des bois coloniaux

Il faut aussi reconnaître que le cours assez peu élevé du prix des bois de France et d'Europe, avant la guerre, les faisait préférer à ceux de nos Colonies.

La situation est plus favorable aujourd'hui aux productions coloniales et la comparaison des prix de revient des bois communs des Colonies avec ceux d'Europe, peut être établie, malgré la hausse des frets, les bois d'Europe ayant quadruplé de valeur, tandis que les bois coloniaux sur pied ne coûtent rien.

Afin d'encourager les débuts des scieries et l'organisation mécanique des exploitations, l'Etat français achète actuellement aux Colonies les bois tout venant à 70 francs le mètre cube *débité*, rendu sur port d'embarquement ; ce prix relativement élevé baissera dans l'avenir, au fur et à mesure que les scieries seront amorties et que des améliorations tendant à substituer le halage mécanique au halage à bras d'hommes, auront été apportées dans le mode de manutention des bois.

Toutefois, même en totalisant ce prix de 70 francs avec les frais généraux et de magasinage et avec le prix du transport en France (soit 75 à 90 francs le mètre cube pour peu que le cours des frets reprenne un certain équilibre), on obtient un prix de revient inférieur à 160 francs, par mètre cube débité, rendu en Europe.

### Les bois coloniaux étaient presque complètement inconnus. Études techniques récemment effectuées

Une autre raison, plus sérieuse encore, du défaut d'emploi général des Bois Coloniaux était l'ignorance dans laquelle se trouvaient, à leur égard, le Commerce de la Métropole et même les exploitants coloniaux. On ne savait quel nom leur donner exactement, ce qui rendait impossible la vérification de leur emploi et de leurs qualités. Il y avait à faire sur ce point une étude sérieuse, trop coûteuse pour l'initiative privée et que seul l'Etat pouvait entreprendre, en raison de l'intérêt général que présente le résultat de travaux de ce genre.

Depuis longtemps d'ailleurs, une expertise de nos Bois Coloniaux était réclamée par la Chambre de Commerce de la Côte d'Ivoire et par les Gouverneurs des Colonies intéressées.

En 1917, grâce à la haute impulsion de M. le Général de Division Chevalier, Directeur du Génie, et de M. Boutteville, Inspecteur Général des Ponts et Chaussées, Inspecteur Général des Travaux Publics des Colonies, les Ministres de la Guerre, de l'Armement et des Colonies décidèrent, d'un commun accord, d'envoyer à la Côte d'Ivoire, au Cameroun et au Gabon, une mission d'études forestières dont on confia la Direction à un Inspecteur des Eaux et Forêts, Chef de Bataillon de Réserve, évacué du front pour blessures. Ce fut la Mission Bertin qui se fixa la tâche de prospecter nos régions forestières et de dresser une sorte *d'état-civil* des essences africaines.

Il fallait avant tout faire l'inventaire de notre richesse forestière coloniale. Le botaniste Pierre avec le R. P. Klaine des Missions des Pères Blancs, le professeur Henri Leconte du Muséum, le docteur Auguste Chevalier, avaient bien entrepris déjà une étude botanique très sérieuse de la flore forestière de la Côte d'Ivoire et du Gabon ; mais il restait à la compléter au point de vue industriel et commercial. Enfin, rien n'avait encore était fait pour le Cameroun et la Guyane.

Comment s'intéresser en effet à des bois dont on ignore même le nom ? Il fallait non seulement déterminer botaniquement les essences, mais encore connaître tous leurs différents noms indigènes pour ne leur conserver qu'une seule désignation, la mieux appropriée.

Le fouillis de la nomenclature africaine est inimaginable. Le nom de chaque arbre varie non seulement selon les colonies et les régions, mais encore selon les peuplades. Il arrive aussi que le même nom s'applique à des arbres très différents.

Si, en l'absence de toute civilisation et de langue officielle, un étranger parcourant les différentes régions de la France, entendait désigner par les populations rurales, dans leurs différents patois, le même arbre, par exemple sous le nom de « hêtre » dans l'Ile de France, de « foyard » en Lorraine, de « fau » ailleurs, etc... ou encore s'il entendait appeler sous la dénomination commune de sapin, des arbres très différents, comme le sapin pectiné, l'épicéa, le pin sylvestre, le mélèze, le thuya, etc... il n'y comprendrait d'abord rien, et aurait ensuite à faire pour la flore de France, ce que la Mission Bertin a fait avec beaucoup plus de difficultés encore en Afrique où les patois diffèrent parfois tous les 5 kilomètres et où la multiplicité des essences est infiniment plus considérable.

Désormais, chaque bois aura un *nom définitif.*

Mais il ne suffisait pas d'identifier ces essences et de les baptiser, il était encore indispensable d'étudier leurs propriétés physiques et leur valeur industrielle et commerciale. C'est ce qui fut commencé dans des chantiers volants, établis en forêt même, où les charpentiers noirs firent merveille pour scier, fendre, raboter et percer les divers échantillons déterminés sur le vif.

Les échantillons intéressants rapportés par la Mission Forestière coloniale furent ensuite soumis en France à des *essais physiques et mécaniques* qui en ont déterminé toutes les caractéristiques : densité, dureté, résistance à la flexion, à l'écrasement, à la fente. Après quoi furent repris les essais de travail à la scie, à la toupie, au rabot. Passés enfin à l'étuve et expérimentés au point de vue du séchage, ces bois subirent en somme toutes les épreuves permettant de se rendre compte de leurs qualités pratiques (1).

*On a déjà des preuves concluantes de la qualité et de la bonne conservation des bois coloniaux.*

Les bois coloniaux n'ont pas seulement été étudiés au laboratoire où leurs coefficients de résistance sont excellents, ils ont fait leurs preuves de solidité et de durée aux Colonies dans nombre de constructions indigènes ou européennes ; en France même on peut voir, notamment à Bordeaux au Quai Latule, un pavillon édifié au printemps 1916 avec des bois d'Afrique d'espèces très peu estimées pourtant. Ces essences inférieures font preuve de toutes les qualités requises pour les bois-d'œuvre.

*Etudes techniques à poursuivre par un service officiel des bois coloniaux ou par un « office des forêts coloniales »*

Toutefois, ces essais coûteux ne sont encore qu'à la période de début et il serait à souhaiter qu'un organisme d'Etat n'ayant aucun intérêt à garder pour lui le secret des résultats obtenus, assume officiellement la tâche de les poursuivre.

Supposons qu'il en soit autrement, par exemple que l'on ait confié à une maison de tonnellerie un lot de bois coloniaux divers, pour rechercher dans le nombre ceux pouvant le mieux convenir à cette industrie.

(1) Voir à ce sujet les publications de la Mission Forestière Coloniale éditées chez E. Larose, 11, rue Victor-Cousin à Paris, 4 volumes actuellement parus sous le titre général de Mission Forestière Coloniale :
1º Les Bois de la Côte d'Ivoire ;
2º Les Bois du Gabon ;
3º La Question forestière coloniale, 1er fascicule ;
4º La Question forestière coloniale, 2º fascicule
5º Les bois du Cameroun.
6º Les Bois de la Guyane française et du Brésil.
7º Les Bois du Mayombe (Moyen-Congo), *sous presse.*

Il est évident que cette maison n'aurait aucun intérêt à divulguer le secret de ses expériences, puisque le seul résultat à attendre de cette publicité, serait la hausse sur le prix du bois reconnu le meilleur ; alors qu'en gardant le silence, cette maison pourrait emmagasiner à bas prix des stocks importants de ce bois, bien avant que la hausse se produise.

Sans doute, plusieurs importateurs ont essayé déjà de mettre en valeur tel ou tel bois, qu'ils connaissaient d'ailleurs très mal eux-mêmes. Il s'agissait de débourser le moins possible avant de trouver acheteur immédiat. Le résultat a été insignifiant. Le hasard a mis en relief l'acajou de Grand-Bassam et l'Okoumé du Gabon. Mais les autres bois d'Afrique, malgré leurs qualités remarquables restent ignorés du commerce. Et pourtant, de gros efforts, voire des sacrifices pécuniaires ont été faits par de nombreux particuliers et par les Colonies elles-mêmes, sous forme d'envois à la Métropole d'échantillons, de madriers et de grumes, dont il eût été intéressant de suivre les emplois divers.

Tous ces efforts et sacrifices n'ont rien rapporté, parce qu'ils manquaient de coordination, d'esprit de suite et de direction technique. Personne en effet n'avait la charge de conserver la trace des observations, faites souvent sans aucune compétence.

Il est donc absolument nécessaire de créer d'une façon stable et définitive un *organisme d'Etat*, un *Office technique,* travaillant sans esprit particulariste, pour tous les producteurs coloniaux et pour tous les industriels métropolitains, et ayant les crédits suffisants pour *importer en France, chaque année, quelques centaines de mètres cubes de chaque variété de bois.* Enfin cet office aurait la faculté de céder ces bois aux divers industriels désireux de les expérimenter à condition toutefois que les travaux soient exécutés suivant un programme bien défini.

Le Service actuel des Bois Coloniaux (ancienne Mission Bertin), semble tout désigné pour suivre ce programme. Pour l'exécuter, il devrait être en mesure de payer les transports de matériaux à pied-d'œuvre, d'acheter un outillage idoine, de surveiller le travail dans les diverses usines, etc... et même d'accorder des subventions.

Voilà le véritable rôle de l'Etat et de ses services techniques. A côté des essais de laboratoire forcément un peu théoriques, ce *programme d'essais industriels* constitue l'acte capital dans les efforts à accomplir pour le succès industriel des bois coloniaux.

## *Hétérogénéité de la forêt tropicale*

La caractéristique propre de la forêt tropicale est le manque d'homogénéité.

Elle comprend côte à côte de nombreuses espèces très dissemblables entre elles, ce qui rend l'exploitation plus difficile et onéreuse, et surtout entraîne un déplorable gaspillage des bois inutilisés. Il faudrait pouvoir, par la suite, favoriser le repeuplement en essences sélectionnées au fur et à mesure des exploitations.

Cette grande diversité des espèces botaniques domine spécialement le point de vue des consommateurs et industriels de la Métropole qui, naturellement, préféreraient ne mettre en œuvre qu'un petit nombre d'espèces abondantes. Mais il n'y a pas, à proprement parler, d'espèces très abondantes, et pour permettre l'exploitation de proche en proche de la moitié au moins sinon des deux tiers des arbres, il faut nécessairement envisager l'utilisation simultanée d'une quarantaine d'espèces différentes, propres à fournir des bois se rapprochant de nos bois de France et choisies parmi les plus fréquentes.

Il y a lieu de remarquer que jusqu'à présent, dans les achats de bois communs faits par l'Etat, on a adopté un prix du mètre cube de bois à peu près uniforme quelle que soit l'essence considérée.

Par la suite, des variations de prix s'établiront, suivant la qualité de chaque bois et son abondance dans nos forêts équatoriales.

La proportion, dans laquelle se trouvent les essences de bois dont l'emploi est préconisé, nous est donnée par les prospections exécutées par notre Mission Forestière en 1916-1919.

Voici le tableau résumant ces proportions en ce qui concerne nos Colonies d'Afrique :

## DEGRÉ D'ABONDANCE DES PRINCIPAUX BOIS COLONIAUX D'AFRIQUE COEFFICIENTS DÉ FRÉQUENCE DANS LES PROSPECTIONS DE LA MISSION BERTIN (Tableau M).

| Noms usuels adoptés | Noms scientifiques | Numéros de la catégorie | Proportions constatées dans les cubages de forêts effectués | | | | Observations |
|---|---|---|---|---|---|---|---|
| | | | Côte d'Ivoire | Gabon | Cameroun | Totaux | |
| | | | 0/0 | 0/0 | 0/0 | 0/0 | |
| Avodiré. | *Turraeanthus africanus.* | 1re catégorie | 2,5 | » | » | 2,5 | |
| Canarium. | *Canarium velutinum.* | — | » | 1,5 | 0,2 | 1,7 | |
| Emien. | *Alstonia congensis.* | Bois pouvant | qques | » | 2,0 | 2,0 | |
| Fraké. | *Terminalia altissima.* | remplacer les | qques | » | 4,0 | 4,0 | |
| Fromager. | *Eriodendron guineense.* | *peupliers* et | 5,5 | 3,5 | 6,0 | 15,0 | |
| Lo. | *Parkia agboensis.* | les *tulipiers.* | 2,5 | » | » | 2,5 | |
| Mbébame. | *Gambeya africana.* | | » | 0,1 | » | 0,1 | |
| Odiénejé. | *Odyendyea gabonensis.* | | » | 0,7 | 0,8 | 1,5 | |
| Ossongo. | *Anthostema Aubryanum.* | | » | 2,5 | » | 2,5 | |
| Parasolier. | *Musanga Smithii.* | | » | 0,9 | 0,6 | 1,5 | |
| Samba. | *Triplochiton scleroxylon.* | | 1,0 | » | » | 1,0 | |
| Acajou pâle. | *Méliacée* sp. | 2e catégorie | » | » | 0,1 | 0,1 | |
| Aïélé. | *Canarium occidentale.* | — | 1,5 | » | » | 1,5 | |
| Bahia. | *Mitragyne macrophylla.* | Bois pouvant | 10,0 | 0,9 | 0,3 | 11,2 | |
| Bossipi. | *Oxystigma Mannii.* | remplacer les | » | » | 0,1 | 0,1 | |
| Daniella. | *Daniella* divers. | *pins* et *sapins* | » | 0,4 | » | 0,4 | |
| Ekoune. | Indéterminé. | | » | 0,5 | » | 0,5 | |
| Evino. | *Vitex pachyphylla.* | | » | 2,5 | » | 2,5 | |
| Framiré. | *Terminalia ivorensis.* | | 0,6 | » | » | 0,6 | |
| Moambejaune. | *Enantia chlorantha.* | | » | » | 0,5 | 0,5 | |
| Niangon. | *Cola proteïformis.* | | 1,0 | » | » | 1,0 | |
| Okoumé. | *Aucoumea Klaineana.* | | » | 16,0 | » | 16,0 | |
| Onzabili. | *Antrocaryon Klaineanum.* | | » | 0,1 | 0,5 | 0,6 | |
| Ossoko. | *Scyphocephalium ochocoa.* | | » | 0,7 | 0,4 | 1,1 | |
| Ovoga. | *Poga oleosa.* | | » | 0,2 | » | 0,2 | |
| Ozigo. | *Pachylobus Büttneri.* | | » | 2,0 | » | 2,0 | |
| Sibo. | *Sarcocephalus esculentus.* | | 1 | » | » | 1,0 | |
| Abome du G. N. | *Berlinia* (?) | 3e catégorie | » | 0,2 | » | 0,2 | |
| Bokombolo. | *Piptadenia* sp. | — | » | » | 3,5 | 3,5 | |
| Dabéma. | *Piptadenia africana.* | Bois pouvant | 7 | » | » | 7,0 | |
| Douka. | *Dumoria africana.* | remplacer le | » | 0,1 | » | 0,1 | |
| Ebiara. | *Berlinia bracteosa.* | *chêne* et le | » | 0,8 | » | 0,8 | |
| Iroko. | *Chlorophora excelsa.* | *teck.* | 3 | 0,8 | 0,3 | 4,1 | |
| Makoré. | *Dumoria Heckeli.* | | 0,4 | » | » | 0,4 | |
| Moabi. | *Baillonella djave.* | | » | 0,4 | 3,5 | 3,9 | |
| Olon. | *Fagara macrophylla.* | | » | 0,1 | 0,4 | 0,5 | |
| Sougué. | *Parinarium tenuifolium.* | | 3,0 | » | » | 3,0 | |
| Tali. | *Erythrophloeum guineense.* | | 2,5 | 1,5 | 5,0 | 9,0 | |
| Timba. | *Fagara* sp. | | » | » | 0,1 | 0,1 | |
| Tsoumbou. | *Parkia Klainei* et divers. | | » | qques | 2,0 | 2,0 | |
| Rikio. | *Uapaca* divers. | 4e catégorie | 5,0 | 0,2 | 2,0 | 7,2 | |
| Sénan. | *Maesobotrya Stapfiana.* | — | 0,8 | » | » | 0,8 | |
| | | *Hêtre, charme, platane.* | | | | | |

| Noms usuels adoptés | Noms scientifiques | Numéros de la catégorie | Proportions constatées dans les cubages de forêts effectués | | | | Observations |
|---|---|---|---|---|---|---|---|
| | | | Côte d'Ivoire | Gabon | Cameroun | Totaux | |
| | | | 0/0 | 0/0 | 0/0 | 0/0 | |
| Miama. | *Calpocalyx Klainei.* | 5ᵉ catégorie | » | 2,5 | 0,1 | 2,6 | |
| Movingui. | *Distemonanthus Benthamianus.* | — | » | 0,3 | 0,6 | 0,9 | |
| Ossimiale. | *Piptadenia* divers. | *Orme, frêne, acacia.* | » | 3,0 | » | 3,0 | |
| Acajou. | *Khaya* divers. | 6ᵉ catégorie | 1 | 0,8 | 0,7 | 2,5 | |
| Apomé. | Indéterminé. | — | 1,5 | » | » | 1,5 | |
| Assas. | *Bridelia speciosa.* | Bois d'ébénisterie et de placage. | » | 0,1 | » | 0,1 | |
| Bilinga et Badi. | *Sarcocephalus* divers. | | qques | 0,8 | 3,0 | 3,8 | |
| Bossé. | *Trichilia cedrata.* | | 0,2 | » | » | 0,2 | |
| Evino. | *Vitex pachyphylla.* | | » | 2,5 | » | 2,5 | |
| Kévazingo. | *Copaïfera* aff. *Arnoldiana.* | | » | 0,6 | 0,2 | 0,8 | |
| Niové. | *Staudtia gabonensis.* | | » | 2 | 1,3 | 3,3 | |
| Noyer du Gabon. | Indéterminé. | | » | 1 | » | 1 | |
| Oboto. | *Ochrocarpus africanus.* | | 0,4 | 0,7 | » | 1,1 | |
| Padouk. | *Pterocarpus Soyauxii.* | | » | 0,6 | 1,5 | 2,1 | |
| Zingana. | Indéterminé. | | » | 0,5 | » | 0,5 | |
| Abalé. | *Petersia viridiflora.* | 7ᵉ catégorie | 2,0 | » | » | 2,0 | |
| Adjansi. | *Cicca discoïdea.* | — | 1,5 | » | » | 1,5 | |
| Adjouaba. | *Haematostaphis Barteri.* | Pour traverses, wagons, mines, pilotis, constructions navales, etc. | 2,5 | » | » | 2,5 | |
| Alep. | *Desbordesia* divers. | | 6 | 6,5 | 5 | 17,5 | En totalisant avec les essences voisines : *Omoé* de la C. I. et *Oba* du Gabon. |
| Azobé. | *Lophira procera.* | | 4 | 0,6 | 16 | 20,6 | |
| Boango. | *Avicennia nitida.* | | » | » | 1 | 1 | |
| Bodioa. | *Anopyxis occidentalis.* | | 1,5 | » | » | 1,5 | |
| Bombaba. | *Dialium macranthum.* | | » | » | 3 | 3 | |
| Corynanthe. | *Corynanthe gabonensis.* | | » | » | 0,1 | 0,1 | |
| Coula. | *Coula edulis.* | | 1 | 2 | 3 | 6 | |
| Demi deuil. | *Diospyros aggregata.* | | » | qques | 0,6 | 0,6 | |
| Ebène. | *Diospyros* divers. | | » | 0,1 | 0,1 | 0,2 | |
| Eveuss. | *Klainedoxa latifolia.* | | » | 1,5 | 0,2 | 1,7 | |
| Fou. | *Oldfieldia africana.* | | 1,5 | » | » | 1,5 | |
| Kroma. | *Klainedoxa* sp. | | 1,5 | » | » | 1,5 | |
| Nogo. | Indéterminé. | | » | 0,5 | » | 0,5 | |
| Okip. | *Klainedoxa* sp. | | » | 13 | » | 13 | |
| Onvong. | *Dialium guineense.* | | » | 1 | » | 1 | |
| Ovala. | *Pentaclethra macrophylla.* | | » | » | 0,3 | 0,3 | |
| Ozouga. | *Saccoglottis gabonensis.* | | » | 4,5 | 7 | 11,5 | |
| Palétuvier. | *Rhizophora racemosa ou Mangle.* | | 1,5 | 0,2 | 0,2 | 1,9 | |
| Yohimbe. | *Corynanthe Johimbe.* | | » | 0,0 | 0,7 | 0,7 | |
| Totaux . . . . . . . . . . . | | | 73 0/0 | 81 0/0 | 76 0/0 | » | Le surplus des peuplements est formé par une multitude d'autres espèces beaucoup plus rares. |

Les totaux de ce tableau montrent que la mise en service, dans chaque Colonie, d'une quarantaine d'espèces environ, aptes aux travaux divers de construction, permet d'exploiter de 73 à 81 0/0 du cube total de la forêt :

Soit 73 0/0 à la Côte d'Ivoire,
    81 0/0 au Gabon,
    76 0/0 au Cameroun.

En admettant l'emploi de cette diversité d'essences, on peut donc arriver à organiser des coupes de proche en proche réellement plus économiques que la cueillette sporadique des bois précieux ; toutefois, semblable résultat ne pourra être obtenu qu'en imposant un certain effort aux industriels français, qui devront se résoudre à adopter de 40 à 50 espèces nouvelles. Admettre seulement un nombre plus restreint d'essences obligerait à maintenir des prix forts en raison de la dissémination des exploitations.

Si l'on doit ensuite arriver à l'utilisation totale de la matière ligneuse des forêts coloniales, ce sera seulement par la mise au point d'industries de déchets, telles que : d'une part la fabrication des pyroligneux et des alcools méthyliques par la distillation des bois lourds et riches en goudrons ; d'autre part la fabrication des pâtes de cellulose pour la papeterie en utilisant les fibres des essences légères et peu colorées.

*Classement industriel des bois coloniaux en catégories commerciales. Groupement des espèces suivant leurs usages par analogie avec les bois de France les plus employés.*

En attendant la mise au point des industries coloniales de distillation et de pâtes à papier il est donc nécessaire de s'occuper simultanément d'un assez grand nombre d'espèces aptes aux usages courants. L'idée s'était présentée à première vue de grouper ces essences en séries analogues à chacun de nos bois de France et de les baptiser du même nom : Chêne d'Afrique, Sapin d'Afrique, etc... Ces appellations eussent certes été commodes ; mais dans la pratique elles sont impossibles, la gamme de nos bois d'Europe n'étant pas assez variée pour permettre des similitudes complètes entre les deux collections. Lorsque les couleurs se rapprochent, la densité diffère et réciproquement ; de même, quand la dureté est semblable, les résistances à la flexion ne concordent plus. Pour toutes ces raisons, il a paru plus simple et plus pratique de grouper les bois coloniaux selon leurs usages éventuels.

Les représentants des Chambres Syndicales du Bâtiment, de la Menuiserie, de la Carrosserie, du Charronnage et de l'Ameublement, réunis en « *Commission officielle des Bois coloniaux* », ont adopté l'ensemble de sept catégories de classement ainsi réparties parmi les seuls bois de la Côte d'Ivoire, du Cameroun et du Gabon :

10 espèces de densité variant entre 0,270 et 0,625, couleurs allant du blanc uni au blanc grisâtre, pouvant remplacer le peuplier, le grisard et le tulipier d'Amérique ;

17 espèces de densité comprise entre 0,425 et 0,625, couleurs blanc rosé et jaunâtre pouvant remplacer les pins et sapins ;

14 espèces de densité 0,575 à 0,950, couleurs rose, grise, jaune ou brune pouvant remplacer le chêne et le teck ;

2 espèces analogues au hêtre, charme, platane ;

3 espèces semblables à l'orme, frêne et acacia ;

12 espèces de densité de 0,500 à 0,950 aux belles couleurs variées allant du jaune paille au rouge corail et qui fourniraient des bois de toute première qualité pour l'*ébénisterie* et le *placage*.

Enfin, toute une gamme de 22 bois lourds pouvant être utilisés pour traverses de chemin de fer, matériel roulant, travaux de mine, pilotis, constructions navales et divers usages variés.

On voit que pour tous usages, nos forêts coloniales fournissent en abondance des bois déjà partiellement expérimentés que nous devons faire connaître au public sans aucun retard.

Le tableau précédent (Tableau M) qui détermine les coefficients d'abondance dans la forêt, donnait déjà en troisième colonne un aperçu des groupements faits dans ce sens. Le classement commercial en sept catégories est résumé dans le tableau ci-après pour ce qui concerne nos colonies d'Afrique (tableau N).

## CLASSEMENT COMMERCIAL DES PRINCIPAUX BOIS DE NOS COLONIES D'AFRIQUE (Tableau N).

### Première Catégorie

Bois tendres pouvant remplacer le PEUPLIER, le GRISARD, le TULIPIER D'AMÉRIQUE.

*Emplois.* — Menuiserie légère, caisserie, contreplacages et travaux d'intérieur n'exigeant pas beaucoup de résistance.

| Déno-mination adoptée pour les divers bois | Noms scientifiques | Pays producteurs | Densité moyenne | Observations. Caractéristique des bois |
|---|---|---|---|---|
| Avodiré. | *Turraeanthus africanus* | Côte d'Ivoire. | 0,600 | Bois blanc uni. |
| Canarium. | *Canarium velutinum.* | Gabon. | 0,400 | Bois blanc légèrement rosé. |
| Émien. | *Alstonia congensis.* | Côte d'Ivoire et Cameroun. | 0,425 | Bois blanc uni. |
| Fromager. | *Eriodendron guineense.* | » | 0,315 | Bois blanc grisâtre. |
| Lo, | *Parkia agboensis.* | Côte d'Ivoire. | 0,525 | Bois blanc légèrement grisâtre. |
| M'Bébame. | *Gambeya africana.* | Gabon. | 0,625 | Bois jaune pâle et rosé. |
| Odiénejé. | *Odyendyea gabonensis.* | » | 0,325 | Bois blanc jaunâtre. |
| Ossongo. | *Anthostem Aubryanum.* | » | 0,375 | Bois blanc grisâtre. |
| Parasolier. | *Musanga Smithii.* | Côte d'Ivoire et Cameroun. | 0,270 | id. |
| Samba. | *Triplochilon scleroxy-lon.* | Côte d'Ivoire. | 0,425 | Bois blanc uni. |

### Deuxième catégorie.

Bois pouvant remplacer les PINS et SAPINS.

*Emplois.* — Charpente, menuiserie.

| Dénomination | Noms scientifiques | Pays producteurs | Densité moyenne | Observations |
|---|---|---|---|---|
| Acajou pâle. | Indéterminé. | Cameroun. | 0,450 | Bois blanc rosé d'un grain analogue à l'acajou ordinaire. |
| Aïélé. | *Canarium occidentale.* | Côte d'Ivoire. | 0,450 | Bois rosé très pâle. |
| Bahia. | *Mitragyne macrophylla* | Gabon et Cameroun. | 0,550 | Bois jaune rosâtre foncé. |
| Bossipi. | *Oxystigma Mannii.* | Cameroun. | 0,660 | Bois brun. |

## Deuxième catégorie (suite).

| Dénomination adoptée pour les divers bois | Noms scientifiques | Pays producteurs | Densité moyenne | Observations. Caractéristique des bois |
|---|---|---|---|---|
| Daniella. | *Daniella* divers. | Gabon. | 0,500 | Bois gris rosé. |
| Ékoune. | Indéterminé. | » | 0,525 | Bois jaune rougeâtre. |
| Évino. | *Vitex pachyphylla.* | » | 0,500 | Bois jaune paille gris. |
| Framiré. | *Terminalia ivorensis.* | Côte d'Ivoire. | 0,475 | Jaune clair. |
| Moambejaune. | *Enantia chlorantha.* | Cameroun. | 0,600 | Bois jaune vif. |
| Niangon. | *Cola proteiformis.* | » | 0,575 | Bois rosé. |
| Okoumé. | *Aucoumea Klaineana.* | Gabon. | 0,440 | Bois rose saumon pâle |
| Olonvogo. | *Fagara et Sorindeia.* | Gabon et Cameroun. | 0,500 | Bois jaune paille. |
| Onzabili. | *Antrocaryon Klaineanum.* | Gabon. | 0,500 | Bois blanc légèrement rosé. |
| Ossoko. | *Scyphocephalium ochocoa.* | » | 0,550 | Bois brun. |
| Ovoga. | *Poga oleosa.* | » | 0,425 | Bois rose saumon. |
| Ozigo. | *Pachylobus Büttneri.* | » | 0,625 | Bois brun rosé clair. |
| Sibo. | *Sarcocephalus esculentus.* | Côte d'Ivoire. | 0,475 | Bois jaune vif. |

## Troisième catégorie

Bois pouvant remplacer les diverses variétés de CHÊNE et TECK.

*Emplois.* — Construction, menuiserie de bâtiment, charpente, pilotis, poutres, matériel de chemins de fer, constructions navales.

| | | | | |
|---|---|---|---|---|
| Abome (1). | *Berlinia* sp. | Gabon et Cameroun. | 0,700 à 0,950 | Bois jaune rosé. |
| Bokombolo. | *Piptadenia* sp. | Cameroun. | 0,950 | Bois brun. |
| Dabéma. | *Piptadenia africana.* | Côte d'Ivoire. | 0,775 | Bois gris jaunâtre. |
| Douka. | *Dumoria africana.* | Gabon. | 0,750 | Bois vieux rose. |
| Ébiara. | *Berlinia bracteosa.* | » | 0,675 | Bois rosé. |
| Iroko. | *Chlorophora excelsa.* | Côte d'Ivoire, Gabon, Cameroun. | 0,700 | Bois jaune gris clair. |

(1) L'Abome a une densité de 0,700 environ au Gabon, mais il est généralement plus lourd au Cameroun où il atteint une densité de 0,950.

## *Troisième catégorie* (suite)

| Déno- mination adoptée pour les divers bois | Noms scientifiques | Pays producteurs | Densité moyenne | Observations. Caractéristique des bois |
|---|---|---|---|---|
| Makoré. | *Dumoria Heckeli.* | Côte d'Ivoire. | 0,725 | Bois rosé. |
| Moabi. | *Baillonella djave.* | Gabon, Cameroun. | 0,800 | Bois vieux rose. |
| Niangon. | *Cola proteiformis.* | Côte d'Ivoire. | 0,575 | Bois rosé. |
| Olon. | *Fagara macrophylla.* | Gabon. | 0,875 | Bois jaune doré. |
| Sougué. | *Parinarium tenuifolium.* | Côte d'Ivoire. | 0,850 | Bois brun clair. |
| Tali. | *Erythrophloeum guineense.* | Côte d'Ivoire, Gabon, Cameroun. | 0,875 | » » |
| Tsoumbou. | *Parkia* divers. | Gabon et Cameroun. | 0,700 | Bois gris jaune. |
| Fraké. | *Terminalia altissima.* | Cameroun et Côte d'Ivoire | 0,610 | Bois blanc jaunâtre. |

## *Quatrième catégorie*

Bois pouvant remplacer le HÊTRE, le CHARME et le PLATANE.

*Emplois.* — Tournerie, bois à brosses, à pavés, bois de pelles, bourrellerie, fabrication de sièges.

| Sénan. | *Maesobotrya Stapfiana.* | Côte d'Ivoire. | 0,675 | Bois rosé. |
|---|---|---|---|---|
| Rikio. | *Uapaca* divers. | Côte d'Ivoire, Gabon et Cameroun. | 0,750 | Bois rougeâtre. |

## *Cinquième catégorie*

Bois pouvant remplacer l'ORME, le FRÊNE et l'ACACIA.

*Emplois.* — Carrosserie et charronnage (moyeux, jantes, rais, bois de tournerie).

| Miama. | *Calpocalyx Klainei.* | Gabon et Cameroun. | 0,675 | Bois brun. |
|---|---|---|---|---|
| Movingui. | *Distemomanthus Benthamianus.* | Gabon et Cameroun. | 0,750 | Bois jaune citron. |
| Ossimiale. | *Piptadenia* sp. | Gabon. | 0,675 | Bois brun rose argent. |

## Sixième catégorie

Bois d'ÉBÉNISTERIE et de PLACAGE.

*Emplois.* — Menuiserie de luxe, ameublements.

| Déno-mination adoptée pour les divers bois | Noms scientifiques | Pays producteurs | Densité moyenne | Observations. Caractéristique des bois |
|---|---|---|---|---|
| Acajou. | *Khaya et Méliacées* diverses. | Côte d'Ivoire, Gabon et Cameroun. | 0,625 | Bois rouge saumoné. |
| Apomé. | Indéterminé. | Côte d'Ivoire. | 0,950 | Bois brun rosé. |
| Assas. | *Bridelia speciosa.* | Gabon. | 0,575 | Bois jaune grisâtre. |
| Bilinga. | *Sarcocephalus Trillesii* | Côte d'Ivoire, Gabon et Cameroun. | 0,775 | Bois jaune ocre. |
| Bossé. | *Trichilia cedrata.* | Côte d'Ivoire. | 0,625 | Bois rose pâle. |
| Evino. | *Vitex pachyphylla.* | Gabon. | 0,500 | Bois gris jaune paille. |
| Kevazingo. | *Copaïfera aff. Arnoldiana.* | Gabon et Cameroun. | 0,900 | Bois rouge violacé. |
| Niové. | *Staudtia gabonensis.* | Gabon et Cameroun. | 0,875 | Bois ocre rouge. |
| Noyer du Gabon. | Indéterminé. | Gabon. | 0,700 | Bois grisâtre. |
| Oboto. | *Ochrocarpus africanus.* | Côte d'Ivoire et Gabon. | 0,775 | Bois rosé. |
| Padouk. | *Pterocarpus Soyauxii.* | Gabon et Cameroun. | 0,775 | Bois rouge vif corail. |
| Zingana. | Indéterminé. | Gabon. | 0,725 | Bois de cœur blanc un peu jaunâtre. |

## Septième catégorie

Bois pouvant être utilisés pour TRAVERSES de chemins de fer.

*Emplois.* — Matériel roulant, *travaux de mines, pilotis, constructions navales* et divers usages variés.

| Abalé. | *Petersia viridiflora.* | Côte d'Ivoire. | 0,750 | Bois rosé. |
|---|---|---|---|---|
| Adjansi | *Cicca discoïdea.* | » | 0,850 | Bois jaune grisâtre. |
| Adjouaba. | *Haematostaphis Barteri* | » | 1,050 | Bois gris brun jaunâtre. |
| Alep. | *Desbordesia* sp. | Gabon et Cameroun. | 1,150 | Bois brun foncé. |

## *Septième catégorie* (suite)

| Dénomination adoptée pour les divers bois | Noms scientifiques | Pays producteurs | Densité moyenne | Observations. Caractéristique des bois |
|---|---|---|---|---|
| Azobé. | *Lophira procera.* | Côte d'Ivoire, Gabon et Cameroun. | 1,075 | Bois brun violacé. |
| Boango. | *Avicennia nitida.* | Cameroun. | 1,000 | Bois brun rosé pâle. |
| Bodioa. | *Anopyxis occidentalis.* | Côte d'Ivoire. | 0,950 | Bois jaune. |
| Bombaba. | *Dialium macranthum.* | Cameroun. | 0,850 | Bois rosé. |
| Corynanthe. | *Corynanthe gabonensis.* | » | 0,850 | Bois rose pâle. |
| Coula. | *Coula edulis.* | Côte d'Ivoire, Gabon et Cameroun. | 1,075 | Bois brun lie de vin. |
| Demi-deuil. | *Diospyros aggregata.* | Cameroun. | 0,975 | Bois blanc à rayures noires irrégulières. |
| Ebène. | *Diospyros* divers. | Gabon et Cameroun. | 1,200 | Bois noir. |
| Éveuss. | *Klainedoxa latifolia.* | Gabon et Cameroun. | 1,125 | Bois brun. |
| Fou. | *Oldfieldia africana.* | Côte d'Ivoire. | 1,075 | Bois rouge violacé. |
| Kroma. | *Klainedoxa* sp. | » | 1,050 | Bois brun jaunâtre, un peu violacé. |
| Nogo. | Indéterminé. | Gabon. | 0,875 | Bois rose foncé ou lie de vin. |
| Okip. | *Klainedoxa* sp. | » | 1,050 | Bois brun clair. |
| Onvong. | *Dialium guineense.* | » | 0,975 | » |
| Ovala. | *Pentaclethra macrophylla.* | Cameroun. | 1,000 | Bois brun. |
| Ozouga. | *Saccoglottis gabonensis.* | Gabon et Cameroun. | 1,000 | Bois brunâtre. |
| Palétuvier. | *Rhizophora racemosa.* ou *Mangle.* | Côte d'Ivoire, Gabon et Cameroun. | 1,125 | Bois rouge violacé. |
| Yohimbe. | *Corynanthe Johimbe.* | Cameroun. | 0,850 | Bois violacé. |

## III

# EXPLOITATION DES BOIS AU POINT DE VUE DE LA MISE EN VALEUR DES COLONIES

*Conservation et amélioration des forêts coloniales*

Toute la zone équatoriale est couverte de forêts exubérantes.

En présence de cette orgie de végétation, quand on circule sous les frondaisons majestueuses de la Côte d'Ivoire, du Cameroun ou du Gabon, on est vite obsédé par l'idée de l'opportunité d'une mise en valeur forestière immédiate, et on se refuse à croire que nous nous préparons à exporter, chaque année, un milliard d'or français, pour nous procurer à l'étranger les bois qui abondent dans notre domaine africain.

Jusqu'à présent, telle a été l'impression de tous les explorateurs coloniaux et des botanistes qui ont parcouru ces immenses étendues boisées.

Voici maintenant l'opinion du forestier professionnel.

Lorsque, après avoir admiré en touriste la beauté du site, et s'être émerveillé, comme botaniste, du mélange des espèces, le forestier veut passer à la réalisation ou à l'évaluation économique des parcelles, il doit cuber les proportions de bois utilisables par les diverses industries, et déterminer la valeur réelle *sur pied* de ces différentes essences.

Tandis que l'agriculteur est généralement certain que les frais de récolte et de livraison n'absorberont pas toute la valeur des produits, et peut se spécialiser surtout dans la science culturale, le forestier doit se préoccuper principalement de l'organisation et de l'économie des moyens de réalisation. C'est ainsi que l'Economie politique, la réglementation, les travaux de l'ingénieur, l'installation mécanique du travail, l'aménagement des transports, l'organisation de la main-d'œuvre jouent, en matière forestière, un rôle relativement plus considérable encore qu'en agriculture, car le bois, marchandise lourde, a moins de prix, au kilog, que les produits de consommation. Il arrive fréquemment que des bois, même précieux, n'ont plus aucune valeur sur pied si, par suite d'une dissémination trop grande, l'aménagement des voies de vidange et l'organisation des chantiers absorbent tous les bénéfices de l'exploitation.

Dans nos forêts équatoriales, la matière ligneuse est assurément dense et abondante et la moyenne des comptages et cubages qui y ont été effectués par la Mission Forestière donnent par hectare un chiffre de 60 arbres de plus de 25 à 30 centimètres de diamètre et cubant ensemble 250 mètres cubes environ. Mais ce volume total par hectare est composé d'espèces excessivement variées dont le commerce actuel n'utilise qu'un très petit nombre. C'est ainsi qu'on trouve seulement dans les régions les plus favorisées un ou deux pieds d'acajou par hectare; tandis que le reste du peuplement se compose généralement d'une quarantaine de variétés différentes qui jusqu'à présent ne sont pas utilisées et dont les plus abondamment représentées sont les suivantes : Légumineuses, Burséracées (Okoumé), Irvingiacées, Rubiacées, Malvacées, Euphorbiacées, Méliacées (Acajou), Lophiracées, Sapotacées, etc... Il ne s'agit d'autre chose ici, que de la statistique des groupes botaniques, faite, non pas au point de vue de la richesse et de la variété de classement en un grand nombre de genres et d'espèces, mais simplement en tenant compte du nombre des arbres immédiatement exploitables présents dans les peuplements. Il faut ajouter également que ce mélange des espèces, pied à pied, souffre quelques exceptions et que l'on trouve de très beaux peuplements, purs ou presque purs, de certaines essences comme l'Okoumé, le Babia, etc...

*Doit-on se préoccuper dès maintenant de la conservation*
*des forêts équatoriales ?*

On peut désormais envisager l'exploitation pratique des forêts coloniales de deux façons :

*a)* Couper la seule espèce qui soit vraiment lancée dans le commerce (acajou de la Côte d'Ivoire ou Okoumé du Gabon) tout en essayant de réaliser aussi un petit nombre d'autres bois précieux.

C'est la *manière purement commerciale* des Coloniaux actuels ; cette méthode conduit à l'épuisement en bonnes espèces de toutes les régions accessibles et, par conséquent, à l'avortement de toutes les entreprises forestières d'une certaine envergure et d'une certaine durée.

*b*) Chercher à exploiter la plupart des arbres et les écouler comme *bois communs*, c'est ce que demande la Métropole qui manque de bois à bon marché.

Cette deuxième manière (accessible surtout aux indigènes ou aux entreprises à grand rendement se contentant d'un petit bénéfice unitaire), sera très facile à conduire, par des méthodes techniques forestières, vers l'enrichissement progressif de la forêt en essences de choix. L'Etat doit aider pécuniairement les débuts de cette méthode régénératrice, qui assurera la prospérité des grandes affaires forestières coloniales, tout en répondant aux besoins impérieux de la Métropole.

Par contre, si l'on continue à écrémer sans cesse les forêts coloniales, on doit s'attendre, à très brève échéance, à ce que cette « Mine de l'Air », en apparence inépuisable, n'ait bientôt plus que des minerais trop pauvres pour être réalisés, les pièces de valeur étant trop disséminées.

Nos prodigieuses forêts équatoriales n'ont pas été jusqu'à ce jour exploitées avec autant d'intensité que les forêts pourtant plus modestes des régions arctiques, tout aussi primitives et encore moins habitées que celles de la zone torride ; mais ces forêts du Nord sont homogènes et ne contiennent pas de matériaux inertes, tous les bois y étant utilisables.

C'est vers cet état que doit tendre la forêt équatoriale pour qu'une exploitation y soit vraiment rémunératrice. Ce n'est donc pas seulement pour ménager un avenir éloigné, mais c'est surtout pour l'organisation présente d'exploitations lucratives que l'intervention des techniciens forestiers est indispensable. L'exploitant et le sylviculteur doivent agir simultanément dans le même but, et non pas successivement. Quand la coupe est achevée, il est trop tard pour conserver des semenciers. Avant dix ans, on doit s'apercevoir des bons effets de l'intervention forestière.

Si, au contraire, on ne recourt pas immédiatement à l'application générale des méthodes sylvicoles, *avant dix ans*, dans nos Colonies les plus boisées, une réaction violente s'imposera, accompagnée de malédictions contre notre *imprévoyance actuelle,* revirement analogue à celui qui s'est produit aux Etats-Unis, au début de ce siècle, où tout a été mis en œuvre pour endiguer et réparer la destruction des forêts, encore inconsciemment pratiquée par nos alliés, il y a quarante ans à peine.

*
* *

Alors qu'il y a lieu d'insister sur l'idée de « ruine économique », bien distincte de la « ruine végétale ou physiologique », on peut encore passer rapidement sur la théorie d'ailleurs fort judicieuse, concluant à la nécessité de protéger les forêts comme agents régulateurs du climat et par conséquent indispensables à la fertilité de la région.

En réalité, les forêts sont de grands réservoirs d'eau qui se comportent comme des éponges. Elles retiennent l'humidité, servent à régulariser le débit des fleuves, préservent les vallées des inondations, assurent l'équilibre des saisons en aidant à la constitution et à la régularité du régime des pluies. On peut très utilement comparer une surface bien boisée au domaine d'un propriétaire *qui emploie son revenu au profit de ses terres et de terres voisines,* tandis que les surfaces dénudées évoquent l'idée d'un propriétaire vivant au loin et dépensant ses revenus dans un pays étranger. C'est à la suite des déboisements inconsidérés de la Castille, que les habitants de Madrid caractérisent aujourd'hui par les mots suivants, le climat de la capitale espagnole : « trois mois d'hiver, neuf mois d'enfer ».

S'il y a déjà un enfer à Madrid, que sera-ce à la Côte d'Ivoire et sous l'Equateur quand les forêts seront détruites?

Mais, pour que s'exerce l'influence bienfaisante des forêts sur le climat, comme sur la fertilité d'un pays, il suffit d'assurer l'existence d'une végétation forestière quelconque. Une brousse composée d'arbrisseaux et d'arbres à bois mou comme le fromager (Eriodendron ou Ceiba) et le Parasolier (Musanga Smithii), est peut-être aussi efficace à ce point de vue que des massifs purs d'Acajou et d'Okoumé — avec cette seule différence que la brousse sans valeur ne représentant aucun capital, sera détruite, sans la moindre considération, au premier caprice des hommes — tandis que la forêt riche plaidera mieux la cause de sa propre conservation. Une fois transformée en brousse sans valeur, la forêt est donc beaucoup plus près de céder la place au désert.

*<br>* *

Au Sénégal, au Tonkin et dans certaines régions de Madagascar, la régression de la végétation ligneuse a déjà produit des effets déplorables. En Afrique Equatoriale même, beaucoup d'explorateurs et de coloniaux croient à la disparition ou à la régression actuelle de la forêt devant le désert. Ils citent des exemples précis de la disparition complète et rapide de tous arbres et arbrisseaux sur certains points spéciaux.

Pourtant, dans la zone équatoriale humide de l'Afrique, nous ne sommes pas encore à la veille de la disparition totale de la végétation forestière, mais seulement au *premier stade*, c'est-à-dire à la *transformation de la forêt riche en brousse de peu de valeur*.

Mis en présence de la vigueur des recrus forestiers, on ne peut s'empêcher d'avoir confiance en la conservation spontanée de la végétation ligneuse pendant de longues années encore.

Cette confiance, bien qu'exprimée en toute impartialité, n'empêche malheureusement pas de constater l'appauvrissement économique de la forêt, déjà très sensible dans les endroits facilement accessibles.

On peut en appeler d'ailleurs à l'opinion des neutres qui vont jusqu'à dire par exemple :

« *Dans quelques années, l'industrie forestière aura vécu à la* « *Côte d'Ivoire* » ou bien encore : « Le développement de l'in-« dustrie forestière a déjà *nui* aux entreprises agricoles, etc. »

Ce sont là des phrases de documents officiels combien caractéristiques de la mentalité des colons et même de quelques bureaux de l'Administration. Elles ne sont pas fabriquées pour les besoins de la cause, mais écrites depuis longtemps et d'un usage courant.

Il faut cependant distinguer entre l'utopie et les réalisations possibles : En effet, comment une population de 2 ou 3 habitants par kilomètre carré pourra-t-elle cultiver le sol si on supprime la seule culture extensive reconnue possible avec un minimum de travail humain, c'est-à-dire la forêt ? Toutes les autres cultures extensives s'épuisent et se détruisent automatiquement pour aboutir au désert et à la ruine ; même le pâturage, si pauvre soit-il, ne peut subsister que par le voisinage d'arbres donnant de la fraîcheur. Seule, la forêt « riche » fait exception en ne demandant autre chose à l'homme qu'une bonne utilisation des forces de la nature et pour un même point, une intervention espacée de loin en loin, tous les cinq ans et même tous les dix ans.

Toutefois, ces réels avantages ne semblent pas appréciés par nos coloniaux dont la plupart, plutôt que de s'astreindre à comprendre le maniement de la forêt, tendent à sa destruction systématique. Ils obéissent à cette loi du moindre effort intellectuel qui amène les races humaines non acclimatées à avoir une haine instinctive et une peur irraisonnée de la forêt, comme à l'origine du monde elles ont eu peur de la mer et des grands fleuves. Et cependant, les rivières ne sont-elles pas des « routes qui marchent » ; la mer, le meilleur « pont entre les continents » et la forêt n'est-elle pas aussi le plus précieux agent de fertilité et de richesse d'un pays, sans compter son rôle de régulateur des fleuves, et, dans une certaine mesure, des Océans puisque la fixation des dunes et des rivages sabloneux ne peut être obtenue que par la végétation forestière.

Mais de même qu'il a fallu des nautonniers et des marins pour découvrir et asservir l'élément liquide, de même il faut aujourd'hui des forestiers (des intelligences forestières, sinon des professionnels) pour comprendre et perfectionner le maniement de l'énorme richesse dont nous disposons, et pour veiller à sa conservation, indispensable au maintien de la fertilité des régions avoisinantes. Enfin, une exploitation méthodique de ces forêts s'impose avec d'autant plus de force que nous ne disposons que de l'usufruit de ces richesses et que nous ne pouvons les laisser détruire sans commettre un abus de confiance, un vol manifeste et un détournement de l'héritage à transmettre aux générations futures.

Coloniser, serait-ce donc détruire ce qui existe avec la vague intention d'entreprendre une mise en culture manifestement impossible, sauf sur de petites étendues qu'il convient en effet de défricher pour y faire de la culture *intensive*? Si la foresterie a déjà *nui* à l'Agriculture, il faut donner à chacun la place qui lui convient et ne pas mettre le Service forestier sous la dépendance des Services Agricoles comme cela s'est déjà vu dans certaines colonies où l'agriculture commence à souffrir terriblement de la régression des forêts.

Une opinion également fausse consiste à croire que le travail des exploitations forestières implique forcément le régime esclavagiste. Cette idée ne peut provenir que d'un malentendu causé par l'absence actuelle d'outillage qui oblige, faute de machines, à recourir aux muscles humains pour l'exécution de certains travaux. Cette utilisation défectueuse de la main-d'œuvre tend à disparaître pour faire place à un outillage perfectionné. La situation du travailleur indigène se transformera alors au point de devenir comparable à celle de nos bûcherons de France qui sont de véritables entrepreneurs responsables, toujours payés à la tâche et complètement indépendants.

L'industrie forestière sera donc aussi favorable que l'agriculture à l'émancipation des indigènes, dès que la période d'apprentissage et d'organisation (que même la destruction de la forêt ne saurait éviter) aura suivi son cours.

*Comment disparaissent les bonnes espèces? Nécessité d'abattre les bois communs*

Il est bien prouvé qu'actuellement nos riches forêts équatoriales se transforment rapidement en brousse dénuée de valeur.

Comment en serait-il autrement?

Dans une parcelle contenant soixante gros arbres bien serrés, il existe un seul acajou adulte et fertile ; le concessionnaire recherche cet acajou, le découvre et l'abat immédiatement. Les grands arbres de toutes espèces qui l'entourent, étalent immédiatement leurs branches sur son cadavre et tous les jeunes semis d'acajou éclos de l'unique semencier de cette espèce, sont bien vite étouffés.

Voilà comment s'exerce l'action de l'homme civilisé qui fait abattre et extraire du peuplement tous les arbres précieux sans se préoccuper de couper au moins quelques arbres voisins d'essences moins précieuses, afin de ménager aux semis des meilleures espèces un peu de place au soleil.

L'indigène agit de son côté sur des surfaces plus grandes encore, car un village de **200** noirs à peine, maintient à l'état de brousse sans valeur plusieurs dizaines de milliers d'hectares par le procédé suivant : Pour faire ses cultures vivrières (bananes, manioc, etc...) qui ne restent à la même place que trois ou quatre années consécutives au plus, l'indigène trouve plus simple de défricher et d'incendier les forêts vierges, plutôt que de nettoyer et de fumer ses anciennes cultures, forcément envahies au bout de trois ou quatre ans par un recru forestier abondant. Ces rejets ligneux provenant du défrichement précédent ne renferment plus que des essences à croissance rapide dont les bois mous et sans valeur constituent une forêt secondaire. Celle-ci tendrait à se transformer plus tard en forêts à essences riches, si de nouveaux défrichements par incendie ne venaient encore réduire en brousse sans valeur la forêt en formation.

Ainsi donc, par suite des *exploitations exclusives de bois précieux* et par suite des *cultures mouvantes des indigènes*, la forêt équatoriale se transforme si vite en brousse sans valeur que dans moins de dix ans, il deviendra très difficile d'installer dans nos Colonies des exploitations possibles.

Il faut donc préserver nos forêts africaines en y abattant ce qui gêne le développement des bonnes espèces, en y conservant au contraire des semenciers et porte-graines d'essences de choix.

C'est précisément l'inverse de ce qu'on pratique actuellement. Il faut en conséquence, remonter un courant déjà établi.

Mais comment arriver à faire exploiter et extraire ce qui, jusqu'à présent, n'a aucune valeur commerciale ? Il faut bien payer de façon ou d'autre le bûcheron et les équipes qui traînent à la rivière ces bois de valeur minime.

Il y a là un problème économique qui ne pourra être résolu que par le lancement dans le commerce de 15, 20 ou 25 espèces de bons bois autres que l'acajou. L'abatage de ces essences permettra de faire non pas déjà des coupes rases ou à blanc étoc ; mais au moins de larges trouées rétablissant, en faveur des bonnes espèces, l'équilibre dans la lutte pour la vie de ces peuplements d'essences très mêlées.

*Les grandes concessions seront accordées de préférence*
*aux coupeurs de « bois communs »*

L'exploitation des espèces nouvelles, encore inconnues en Europe, se trouve singulièrement favorisée par les achats que l'Etat français veut bien effectuer sans attendre que le commerce admette ces bois en connaissance de cause. Il ne faut pas se dissimuler, cependant, qu'en dehors des achats du Service de Reconstitution des Régions Libérées, tout placement direct des bois nouveaux dans l'industrie sera, au début, fort onéreux.

L'Etat et les Colonies doivent donc encourager le plus possible l'installation des exploitants qui tireront de la forêt autre chose que des bois précieux déjà connus.

Sans doute les coupeurs d'acajou ou de « Bois des Iles » forment un élément très utile pour l'évolution économique de la Colonie, et leur industrie difficile et pénible doit être encouragée. Toutefois, faute de place disponible, l'Administration se trouve actuellement dans l'obligation de faire un choix parmi le trop grand afflux de demandes formulées pour obtenir des grandes concessions forestières de longue durée.

A côté de l'inconvénient que présentent ces grandes concessions (d'immobiliser entre les mains d'un petit nombre d'exploitants de vastes surfaces, condamnées à la stagnation dès l'instant que le concessionnaire travaille peu ou mal), il faut reconnaître qu'elles sont indispensables pour procurer aux grandes entreprises la *sécurité* sans laquelle elles ne pourraient recueillir les capitaux nécessaires à leur existence.

Afin de réaliser un perfectionnement sur l'état industriel antérieur, il serait à souhaiter qu'à l'avenir ces sortes de concessions fussent réservées aux coupeurs de bois nouveaux ou « bois communs » ; toutefois, un coupeur de « Bois des Iles » pourrait, à titre exceptionnel, obtenir une grande concession, à charge par lui d'entreprendre une réalisation spéciale d'intérêt général telle que l'installation d'une voie ferrée ou l'exécution d'un grand travail au profit de la Colonie.

Le meilleur moyen pratique de distinguer, sans discussion oiseuse, le coupeur de « Bois communs » de l'amateur exclusif de « Bois des Iles » sera la mesure du tonnage de bois de toutes espèces sorti chaque année des exploitations. Etant donnée la cueillette forcément sporadique, des « Bois des Iles » toujours disséminés dans la forêt, le cube de bois précieux sorti chaque année d'un chantier de superficie limitée sera forcément réduit. Au contraire une surface restreinte fournira, dans le même temps, un très fort tonnage de bois communs, à moins que l'exploitant ne soit paresseux ou incapable et, par conséquent, indésirable.

Voilà donc un excellent moyen de contrôle, d'une simplicité toute coloniale : Tout exploitant qui ne tirera pas X... mètres cubes d'un chantier donné se verra réduire immédiatement sa concession dans une très forte proportion (huit ou neuf dixièmes de la contenance s'il le faut).

Si, au contraire, il fait preuve d'activité et exploite le cube imposé, il n'y a cependant pas nécessité pour lui d'immobiliser, pendant trente ans par exemple, l'étendue complète de sa concession. Il devra donc, au bout de dix ans, évacuer au minimum le quart de la surface concédée. Cette portion doit alors être épuisée et peut, sans dommage pour le coupeur, être rétrocédée à la Colonie. Un deuxième quart de la contenance sera de même rendu au bout de la vingtième année de jouissance. Le concessionnaire choisira lui-même les parcelles à rendre et pourra y conserver divers établissements : chemins de fer, place de dépôt, etc.., utiles au surplus de l'exploitation sans qu'il puisse entraver pour cela dans les parcelles rendues la création de nouvelles installations étrangères entreprises dans un but quelconque, agricole ou autre.

Cette réglementation permettra d'éviter la gêne qui résulterait d'une trop longue occupation des massifs forestiers concédés.

*Les exploitants ne coupant que les « Bois des Iles », c'est-à-dire un petit nombre d'essences précieuses ne jouiront pas de faveurs spéciales.*

Par contre, les coupeurs de « Bois des Iles » seront soumis aux taxes croissantes que le développement de leur commerce et la concurrence établie entre eux permettront de leur imposer, sans étouffer toutefois leur industrie. Toutes les précautions seront prises pour que leur occupation du sol soit abrégée le plus possible, de telle sorte que la place reste disponible pour les Coupeurs de « Bois communs ».

*Nécessité d'un service forestier colonial débutant par une « mission permanente » qu'on peut appeler « Service des bois » ou « Office des forêts coloniales ».*

Les concessionnaires et exploitants privés chercheront bien l'emploi de tel ou tel bois dont ils ont découvert un nid, mais le passé montre que *l'initiative privée seule ne peut pas s'imposer les frais suffisants à l'étude* patiente et raisonnée de diverses espèces, les unes après les autres, ni surtout les frais inhérents à l'étude des méthodes sylvicoles à appliquer à chacune des espèces qui auront été retenues par le commerce.

Il appartiendra donc à une « Mission forestière » ou « Service des bois » ou « Office des forêts coloniales » qui sera *l'embryon d'un Service Forestier Colonial*, d'étudier à la fois la mise en œuvre dans la Métropole et l'aménagement des forêts dans les Colonies.

Il faut que les Services Forestiers locaux qui opèreront dans nos Colonies aient au début surtout, une attache et une organisation centrale en France, pour assurer leur recrutement et leur orientation technique. Les résultats sylvicoles insuffisants, obtenus par les premiers essais déjà effectués jusqu'à présent, dans certaines colonies agissant sans liaison avec la métropole, démontrent de façon irréfutable la nécessité d'un organe technique central au Ministère des Colonies.

*Plan général d'aménagement des forêts coloniales. Partage entre les terres à défricher et les forêts à soumettre au régime forestier.*

Les forêts coloniales qui dépendent presque toutes du Domaine de l'Etat, à l'exclusion de rares propriétés et de quelques concessions de durée plus ou moins longue, devraient être classées en :

*a*) Forêts libres,

*b*) Forêts soumises au Régime Forestier.

*a*) Dans les *forêts libres*, les concessionnaires auront le droit d'exploiter sans aucun contrôle et en agissant indépendamment de tout service forestier. Au lieu d'appauvrir indistinctement tous les massifs, on doit en effet en faire disparaître quelques-uns dans les plaines les plus fertiles à livrer à la culture, comme dans les endroits se prêtant mal à la croissance ou à l'exploitation des bois.

*b*) Les *forêts soumises au Régime Forestier* devront comprendre au contraire au moins 40 0/0 de l'étendue totale de chaque colonie où l'état boisé devra être maintenu. Sous les climats équatoriaux en effet on doit admettre que, pour assurer au régime météorologique et cultural d'un pays, sa constance et sa régularité, il doit s'y trouver :

40 0/0 de forêts,

50 0/0 de cultures,

10 0/0 d'agglomérations urbaines et jardins.

Dans cette étendue de 40 0/0 du territoire à soumettre au Régime Forestier et à conserver en nature de forêts *riches*, les parcelles boisées bien entendu ne seront pas « mises en défens » ou en « réserve » avec interdiction d'y pénétrer ou d'y couper quoi que ce soit.

*Pour empêcher l'abus, il ne faut pas interdire l'usage.* Il est évident au contraire qu'on les exploitera pour en tirer le meilleur parti possible. Mais leur exploitation sera réglée de façon à éviter leur appauvrissement en jeunes sujets de valeur.

A ces fins, les forêts soumises au régime forestier seront finalement *aménagées*, c'est-à-dire au sens forestier du mot,

divisées en séries de parcelles parcourues successivement tous
les dix ans (ou avec une périodicité moindre) par des *coupes ven-
dues* à des concessionnaires exploitants, mais en réduisant au
strict minimum la possibilité d'abattre les bois précieux (seuls
exploités aujourd'hui) et en *facilitant* au contraire par tous les
moyens la coupe des essences de second et troisième ordre,
qu'il s'agit de faire apprécier aux consommateurs et aux industriels de tous pays et qu'il faut avant tout étudier.

*L'œuvre pratique à exécuter par le service forestier colonial est
considérable. Recrutement du personnel pour la constitution
de ce service.*

La formule du traitement des forêts coloniales est donc très
simple en théorie, mais l'application pratique en est beaucoup
plus délicate.

. . . . . . . . . . . . . .

« En définitive, conclut M. le Gouverneur des Colonies
« Guyon, tous les *essais de Régime Forestier* n'ont pas été mis
« en pratique, parce qu'ils sont et demeurent impraticables et
« parce qu'ils le seront toujours sans le *concours de techni-
« ciens.* »

. . . . . . . . . . . . . .

« Pour éviter, écrit d'autre part M. le Docteur Chevalier, des
« erreurs fondamentales dans l'organisation de notre Régime
« Forestier Colonial, il est en effet absolument indispensable
« de faire préparer la réglementation par des forestiers de
« profession ayant déjà acquis une réelle connaissance des
« forêts tropicales dont on veut organiser l'exploitation métho-
« dique ».

. . . . . . . . . . . . . .

« Un Service forestier bien dirigé, fait encore remarquer
« M. l'Administrateur en chef Périquet, au lieu d'imposer des
« charges aux budgets locaux de chaque Colonie, devra donner
« des excédents par la vente du bois. D'ailleurs, les consé-
« quences d'une erreur forestière seraient d'autant plus désas-
« treuses que l'effet de toute mesure est fort lent à se faire
« sentir et ne peut être immédiatement enrayé ».

*
* *

Il est donc nécessaire de *recruter* le mieux possible le *personnel* qui va composer le Service Forestier Colonial, dont on réclame la création depuis de longues années déjà, et surtout d'en confier la direction à des forestiers professionnels ayant passé l'examen de sortie de l'Ecole Forestière de Nancy, ou à défaut, à des élèves sortant de l'Institut National Agronomique ou de l'Ecole Coloniale et ayant passé un examen spécial à l'Ecole de Nancy, examen qui sera doublé d'épreuves pratiques sur le terrain, en matière de sylviculture et d'aménagement.

En vue d'assurer le recrutement de ce personnel directeur dont la présence sera dès le début indispensable, il serait indiqué de faire à l'Ecole Coloniale et à l'Institut National Agronomique une série de conférences spéciales d'économie forestière coloniale.

Le *personnel supérieur* formant le 1ᵉʳ *échelon* et destiné à la direction, étant ainsi préparé et recruté, pourra ensuite instruire un 2ᵉ *échelon* de fonctionnaires, celui des *conducteurs* des Forêts Coloniales, ayant eux-mêmes sous leurs ordres, *comme* 3ᵉ *échelon*, des brigadiers et des Gardes de race blanche et surtout de race indigène pour la *surveillance* des forêts soumises au Régime forestier.

En tous cas, sans instituer un mandarinat exclusif, il importe avant tout d'éviter avec soin de recruter un personnel supérieur incompétent, sous prétexte d'égalité mal comprise ou d'économie mal entendue, ou encore pour boucher des vides au petit-bonheur ; car les conséquences d'une erreur en matière forestière ne sont pas visibles au début, sinon par des techniciens très avertis. L'expérience a montré qu'un Service Forestier dirigé par des fonctionnaires zélés et intelligents, mais non professionnels, se cantonne dans les matières d'Administration Générale, sans aborder la question sylvicole, toujours délicate pour des non-initiés qui peuvent fort bien s'effrayer d'un sous-bois inoffensif, alors qu'ils ne s'apercevront pas de l'échec d'une régénération, irrémédiablement compromise quand telle espèce n'est pas combattue assez vigoureusement.

Tous les Agents des Services Forestiers à instituer auront à

étudier les massifs forestiers, à rechercher, à trouver, et à faire
mettre à exécution les règlements convenables.

Ces règles à fixer, résultant d'une pratique expérimentale
qui dépasse la durée d'un séjour colonial, devront être progressivement élaborées par un personnel instruit, spécialisé et
dépendant d'une direction ou inspection technique résidant en
France. Cet organe de contrôle technique sera chargé de maintenir la tradition et de poursuivre avec une même unité de vues
les recherches qu'il faudra bien faire continuer par des fonc--
tionnaires différents, en raison des relèves coloniales fréquentes.

A titre de documentation première, et pour fixer les idées,
il a paru intéressant d'adjoindre à l'exposé qui précède, les
directives suivantes :

### Projet d'une réglementation forestière coloniale appliquant quelques principes d'économie forestière

Il a fallu en Europe près de dix siècles d'expériences avant
de fixer définitivement la pratique sylvicole, dont les préceptes
rationnels ne furent mis au point qu'au xviiie siècle par Réau-
mur, Duhamel du Monceau, Buffon, Varennes de Fenille, et
Hartig. Jusqu'à la Révolution, nos ordonnances royales avaient
imposé une réglementation de coupes de futaie que nous con-
sidérons aujourd'hui comme imparfaite et provisoire. En dernier lieu, l'ordonnance de 1669 dite de Colbert avait prescrit le
régime du « tire et aire » dont il serait trop long de faire ici la
critique, sinon pour rappeler qu'elle comportait l'obligation de
réserver dix porte-graines par arpent (c'est-à-dire vingt semenciers à l'hectare). On peut dire que cette mesure appliquée avec
un certain doigté forestier, a sauvé nos forêts de la ruine.

La situation sylvicole actuelle de nos forêts coloniales a des
analogies avec celle de nos forêts françaises sous Louis XIV.

Il nous paraît sage de procéder, comme on l'a fait en Europe,
par perfectionnements successifs et pour l'instant, d'imiter aux
Colonies, à titre provisoire, le règlement de 1669, c'est-à-dire
d'imposer aux concessionnaires, l'obligation de laisser dans
toutes les parcelles un certain nombre de porte-graines (ou

semenciers) de bonnes espèces. Ce sera plus prudent que de laisser abattre, suivant la pratique actuelle, tout ce qui est bon, avec *l'obligation illusoire de replanter* un certain nombre de jeunes tiges, en pleine forêt, au pied d'arbres immenses ou au milieu d'un recru vigoureux, sans se préoccuper autrement d'en assurer la longévité et sans protéger ces plantations contre les concurrents végétaux qui tendent forcément à les étouffer.

La vérification de l'exécution de semblables replantations, ainsi disséminées, deviendrait une *source inépuisable de conflits* et serait abandonnée, de guerre lasse. Elle exigerait des récolements *plus pénibles et plus coûteux* que l'exécution des véritables opérations forestières de régénération naturelle. Ajoutons enfin que, même après une vérification satisfaisante, le succès définitif serait encore aléatoire.

N'est-il pas plus raisonnable de songer à assurer l'avenir avec les éléments existants, en se préservant de leur destruction totale, plutôt que de *détruire d'abord*, et de prétendre introduire ensuite des plants artificiels mal préparés à la lutte pour la vie forestière ?

*<br>* *

Les lignes suivantes résument un *projet de réglementation pratique* en douze points.

C'est en quelque sorte le Dodécalogue de la Foresterie coloniale :

I. — *Classement des massifs coloniaux actuels en forêts libres et forêts soumises au régime forestier.* — Il a déjà été parlé de cette distinction fondamentale dans les pages précédentes. Il ne faut pas que la répartition entre : les terres à défricher pour la culture, dans un avenir plus ou moins proche (Forêts libres), et les massifs à conserver en nature de bois (Régime Forestier), soit livrée au hasard. D'autre part, il faut réserver les meilleures places pour l'agriculture intensive, tout en laissant aux forêts un accès possible jusqu'aux voies de communication.

Ce partage suppose une reconnaissance technique complète du territoire. Il ne faut pas se dissimuler qu'un tel travail exigera plus d'un demi-siècle et coûtera plusieurs vies humaines.

Sans attendre l'achèvement de ces reconnaissances qui progresseront par régions et, en général, suivant le développement des concessions, il faut, dès maintenant, prévoir sur toute l'étendue boisée, l'application générale des mesures ci-après.

II. — *Distinction en essences de choix et en espèces inférieures.* — C'est la base de toute la pratique sylvicole. Des arrêtés des Gouverneurs désigneront les différentes catégories d'essences de choix, avec fixation du *diamètre minimum d'exploitabilité* (ou diamètre de maturité) pour chaque essence, et la *redevance* imposée pour l'exploitation d'un mètre cube de bois de chaque espèce.

Le travail du choix des essences et la fixation des diamètres de maturité est déjà tout préparé pour la Côte d'Ivoire, le Gabon, le Cameroun et la Guyane dans les publications de notre Mission Forestière Coloniale (E. Larose, éditeur).

III. — *Imposition d'une taxe de repeuplement par arbre abattu de la catégorie des essences de premier choix.* — Parmi les essences de prix, il y a lieu de distinguer une catégorie de *tout premier choix* comprenant les essences très précieuses qui sont par exemple pour la Côte d'Ivoire :

L'Acajou, *Khaya Ivorensis* ;

L'Acajou Tiama, *Entandrophragma* sp. ;

Le Bossé, *Trichilia cedrata* ;

L'Iroko, *Chlorophora excelsa* ;

Le Makoré, *Dumoria Heckelii.*

Pour cette catégorie exclusivement, il y a lieu d'appliquer et d'étendre à toutes nos Colonies, les dispositions de l'article **31** de l'arrêté du Gouverneur de la Côte d'Ivoire, en date du **23** août **1912**, qui peut être résumé comme suit :

Les exploitants sont astreints à un versement de dix francs par arbre abattu, pour frais de repeuplement assuré par les soins du Service Forestier (**1**).

Toutefois, les exploitants qui désireraient substituer à ce ver-

(1) Les opérations sylvicoles ou même les replantations soigneusement exécutées et suivies par le Service Forestier sont des améliorations logiques et généralement productives de bons effets ; au contraire, les replantations faites au plus vite par des concessionnaires qui ne sont pas intéressés à leur succès, sont généralement inutiles.

sement des plantations d'essences caoutchoutifères, de palmiers à huile, de cacaoyers et de kolatiers (et pour la Guyane, de « Balata ») devront le faire connaître sur leur demande initiale de permis de coupe ou sur leur demande de renouvellement, et ils pourront solliciter à cet effet, dans les conditions imposées par les concessions domaniales agricoles, en dehors même du chantier forestier exploité, un terrain d'une superficie susceptible de contenir un nombre de pieds égal au quintuple de celui des arbres abattus. Après constatation des résultats satisfaisants de cette plantation, le terrain ainsi mis en valeur deviendra la propriété définitive du titulaire ».

IV. — *Obligation supplémentaire de réserver chaque 10 hectares, de 40 à 100 porte-graines distants de 20 mètres en tous sens et appartenant aux 30 meilleures espèces arrivées à dimension de maturité* (Espèces, dimensions et nombre exact seront déterminés par arrêtés du Lieutenant-Gouverneur). — En cas d'impossibilité, obligation de demander à l'Administration avant l'abatage, de constater l'absence de réserves convenables qui seront alors compensées au choix de l'Administration.

*a*) Soit par des réserves supplémentaires, dans d'autres cantons désignés par le Service Forestier et à son gré.

*b*) Soit par le dégagement et le ceinturage à la peinture blanche (1) de 10 jeunes tiges d'élite, de bonnes espèces, d'au moins 30 centimètres de circonférence, pour chaque portegraine en déficit.

*c*) Soit par la plantation, pour chaque porte-graine manquant, de 10 arbres d'essences utiles du genre ci-après : cacaoyers, kolatiers, palmiers à huile (ou « Balata » pour la Guyane), dans les conditions prévues à l'article 31 précité de l'arrêté du Gouverneur de la Côte d'Ivoire du 23 août 1912.

Suivant les régions, il pourra être ajouté l'obligation supplémentaire de garder parmi ces quarante à cent porte-graines, soit cinq ou six *acajous* ou *irokos*, soit d'autres arbres d'espèces particulièrement précieuses.

Les arbres réservés en vertu de l'interdiction (parag. V ci-après) de couper les *espèces de choix n'ayant pas encore atteint*

_______________

(1) Pour faciliter la vérification.

*les dimensions de maturité*, pourront compter dans le chiffre de 40 à 100 porte-graines visés ci-dessus, si ces arbres sont d'un âge assez avancé pour être reconnus fertiles.

Lorsqu'il y aura un Service Forestier organisé, il fera le martelage préalable des arbres à réserver. Tant que le martelage officiel ne sera pas possible, ce travail incombera aux concessionnaires eux-mêmes.

Enfin, aussitôt pourvu d'un outillage suffisant, le Service Forestier effectuera le dégagement des semis naturels, dans un rayon de 15 mètres environ autour de chaque porte-graines réservé. Autrement dit il fera couper autour de ces porte-graines tous les arbustes morts, bois, broussailles et grandes herbes ; sauf toutefois les arbres, brins et semis naturels préexistants, des seules espèces de choix, qui seront alors à même de prendre une certaine avance de végétation sur le recru des bois coupés alentour.

V. — *Interdiction générale de couper les espèces de choix n'ayant pas encore atteint les dimensions de maturité.* — Ces dimensions, fixées par arrêtés du Gouverneur, seront caractérisées par le diamètre mesuré au-dessus de l'épatement des racines.

VI. — *Pas de redevances pour la coupe et l'exportation des bois d'essences de rebut*, c'est-à-dire ne figurant pas sur les listes d'essences de choix.

Il faudrait plutôt donner des primes pour faciliter l'utilisation et l'enlèvement de ces essences de rebut. Plus tard, si les bois de chauffage ou autres prennent de la valeur, on pourra taxer cette production.

VII. — *Régénération par rejets de souche* (taillis). — Toutes les fois qu'il sera possible d'avoir une bonne utilisation de bois de petites dimensions et de faible longévité (bois de feu, produits pyroligneux, pâte à papier, etc...).

VIII. — *Affectation momentanée à la création d'un service forestier, de toutes les redevances versées à la colonie et produites par le domaine forestier.* — Cette mesure s'impose au moins pour le début de l'organisation. Plus tard, quand le domaine forestier sera mis en valeur, par les soins de techniciens indispensables, la plus grosse part des redevances ira nécessairement grossir le trésor de la Colonie.

IX. — *Réglementation des défrichements effectués par les indigènes.* — Une excellente réglementation a été édictée pour la Côte d'Ivoire. Il faut simplement veiller à ce que ces règles soient exécutées dans la pratique, non seulement en Afrique Occidentale Française, mais dans toutes nos Colonies Equatoriales.

Voici d'ailleurs le texte à appliquer :

### *Extrait du Décret du 18 juin 1912*

Art. 42. — L'exercice des droits d'usage des indigènes est soumis aux restrictions ci-après.

Art. 43. — Chaque village forestier a droit, pour les jardins et plantations, ainsi que pour le terrain de parcours de bétail, à une superficie égale à celle qu'il occupe actuellement. Chaque fois que le recensement de la population fera ressortir un accroissement de cent habitants au moins, cette superficie pourra être étendue par arrêté du Lieutenant-Gouverneur, à raison d'un hectare par habitant nouveau. Pour les terrains de parcours et en cas de développement de l'élevage indigène, cette superficie pourra également être étendue par arrêté du Lieutenant-Gouverneur.

Art. 44. — En vue de l'application du présent décret, l'Administration fera dresser dans l'année de sa promulgation, un état indiquant, pour chaque village, la superficie affectée aux usages sus-indiqués.

Art. 45. — Tout déplacement des cultures de villages devra être autorisé par le Lieutenant-Gouverneur, dans les conditions ci-après :

1. Ces déplacements ne pourront avoir lieu qu'après une période minimum de quatre années consécutives d'exploitation du terrain et après que le nouvel emplacement aurait été agréé par l'Administrateur du cercle.

2. Les jardins et cultures *ne pourront être transférés que trois fois consécutives* dans des *terres vierges*, après quoi ils revien-

dront à l'emplacement primitif et ne pourront, dans la suite, être déplacés qu'en suivant le même cycle que précédemment.

3. Toutefois, les villages qui justifieront avoir complètement planté un emplacement abandonné en palmiers, kolatiers, cacaoyers, caféiers, arbres à caoutchouc ou en toutes autres essences arbustives donnant des produits usités dans le commerce ou l'industrie pourront, sur le rapport de l'Administrateur commandant de cercle et sur l'attestation conforme du Service Forestier, être autorisés, par arrêté pris en Conseil d'administration, soit à déplacer leurs plantations avant l'expiration de la période de quatre ans prévue ci-dessus, soit à faire en terrain vierge une nouvelle plantation.

Art. 46. — Il est interdit à tout indigène de faire, dans les bois et forêts du Domaine aucun débroussement pour pâturage, campement, jardin ou plantation isolée sans avoir, au préalable, obtenu la concession du terrain dans les formes prévues à cet effet.

Art. 47. — Les collectivités indigènes ne pourront pas, sur les emplacements affectés à leurs plantations ou terrains de parcours, abattre, sans autorisation de l'Administrateur ou de son Délégué, les essences de bois durs, les arbres producteurs de caoutchouc et tous autres indiqués par arrêté du Lieutenant-Gouverneur.

X. — *Replantation des cultures vivrières mouvantes dans toutes les enceintes où l'on veut conserver des forêts soumises au régime forestier*. — Si, pour des raisons politiques, on ne peut interdire complètement les défrichements dans certaines zones, il faut tout au moins exiger la replantation des cultures abandonnées. C'est là une opération qui a fait ses preuves dans les Indes Anglaises et qui est beaucoup plus facile à réaliser que l'introduction de plants artificiels en pleine forêt non défrichée.

XI. — *Eclaircie ou dépressage des jeunes tiges de bonnes espèces* en coupant les tiges d'essences moins précieuses ou en éliminant même les arbres précieux les plus mal conformés. Cette opération ne pourra être pratiquée que par un Service Forestier déjà très bien organisé.

XII. — « *Aménagement* » *et division des forêts en séries de parcelles* qui seront parcourues successivement par des coupes d'amélioration, passant périodiquement dans les mêmes parcelles et comprenant à la fois : réserve de porte-graines, dégagement de semis, éclaircie des tiges en croissance, desserrage des semenciers, etc...

Ce douzième point sera évidemment le couronnement de l'œuvre forestière coloniale.

*<br>* *

Les douze règles qui précèdent constituent un code assez complet pour le commencement des soins à donner aux *forêts encore existantes*. Mais bon nombre de nos Colonies souffrent déjà d'un déboisement exagéré qui a détruit le régime des fleuves (Sénégal par exemple) et a considérablement réduit les eaux disponibles pour l'irrigation. Dans ces régions, il faudra évidemment entreprendre les vastes reboisements qui s'imposent aujourd'hui du fait de l'imprévoyance de nos devanciers. Le prix élevé de ces travaux fera réfléchir, il faut l'espérer, aux fâcheuses conséquences d'une jouissance mal comprise.

# CONCLUSION

En résumé (conclut l'*Illustration Economique et Financière* déjà citée), en ce qui concerne les voies de communication : routes, chemins de fer et cours d'eau, reliant les chantiers d'exploitation aux ports d'embarquement, il y a des améliorations à réaliser pour intensifier les transports et les exploitations forestières. L'aménagement des ports d'exportation doit également être perfectionné. Néanmoins, ce qui existe peut suffire au début.

Quant à la main-d'œuvre, la situation est satisfaisante au Cameroun. Pour la Côte d'Ivoire, on trouverait sans doute au

Soudan l'appoint nécessaire. Au Gabon, si l'on veut augmenter la production, le déficit est certain et l'Administration locale devra prendre des dispositions pour assurer aux exploitations le personnel, d'ailleurs réduit, dont elles auront besoin. A la Guyane, même en se bornant à une production des plus modestes, on ne pourrait pas se procurer de la main-d'œuvre sans une intervention de l'Etat. Partout cependant, on trouve des ouvriers plus facilement que dans la forêt équatoriale du Brésil qui va constituer dans l'avenir la grande réserve concurrente. Les régions boisées du Nord et de la Laponie sont encore plus désertes.

Quand les bois sont arrivés dans les ports coloniaux, il est indispensable que les producteurs y trouvent les moyens de les transporter en Europe, avec régularité et avec des tarifs non prohibitifs. Or avant la guerre, si le fret pour l'Europe était descendu jusqu'à 20 et 25 francs par mètre cube de bois, la régularité n'était pas obtenue.

A la Côte d'Ivoire et au Gabon, le tonnage en bois, pris par des bateaux français, a toujours été très limité, et les producteurs, devant recourir le plus souvent à des compagnies étrangères, notamment à la Compagnie allemande Woermann, se voyaient obligés d'expédier la majeure partie de leurs bois (l'Okoumé principalement) sur Hambourg qui en monopolisait le commerce, alors que nos importateurs s'en désintéressaient complètement, soit par ignorance, soit par routine, soit par prévention.

Il faut que cela cesse, que d'une part on fasse connaître en France à nos architectes constructeurs et industriels, toute la valeur de nos bois coloniaux, bois-d'œuvre aussi bien que bois précieux. A ce sujet, il serait à souhaiter que la Corporation du Bois s'adapte à quelques idées nouvelles dont les suivantes : ne pas considérer nos Colonies comme plus éloignées que le bout du monde ; exiger l'inscription sur les cahiers des charges des bois coloniaux ; abandonner cette croyance risible que les acajous Cuba, Tabasco, Saint-Domingue, ont une valeur excep-. tionnelle, alors que ce sont pour la plupart, surtout depuis la guerre, des acajous de notre Côte d'Ivoire, manœuvrés par des bateaux américains et naturalisés pour en hausser le prix de vente ; *désirer* la prospérité de nos Colonies en les obligeant ainsi à produire ; établir enfin le *nationalisme commercial*. Pour que la Corporation reconnaisse aux Bois Coloniaux le droit de Cité, nous aimerions qu'un Service Central et unique existât, auprès de qui pourraient se documenter les Chambres Syndicales du Bâtiment, du Sciage, d'Architecture, d'Ebénistes, le Faubourg Saint-Antoine et tous les intéressés. Ce Service, avec les fiches botaniques, forestières, commerciales et industrielles de chaque bois, fournirait des échantillons, communiquerait des références et dirigerait la production et la conservation forestière aux Colonies.

Il faut, d'autre part, que des facilités soient accordées aux Colons, afin de constituer des flottes spécialement aménagées pour le transport des bois, voiliers mixtes ou chalands remorqués, ou bien qu'ils fassent un accord avec l'Etat ou leur Colonie, pour qu'il soit établi un Service de navigation les reliant à la Métropole, service auquel la Colonie accorderait une garantie d'intérêt ou une avance permettant la construction des bateaux nécessaires.

Rien de tout cela n'est impossible et il ne faut pas s'exagérer les difficultés provenant du manque de fret actuel, par suite de l'accumulation des transports en retard. Sans doute des spéculateurs tenteront de prolonger les cours élevés pour les affrètements ; mais bientôt cependant les transports retardés se liquideront et les bois communs d'Afrique pourront alors parfaitement supporter les frais de la traversée jusqu'en Europe. Le tonnage maritime mondial était, dit-on, de 40 millions de tonnes en 1913 ; malgré les destructions par mines et sous-marins et grâce aux constructions en cours, il sera déjà de 45 millions de tonnes en fin 1919 et il doit atteindre 55 millions de tonnes en fin 1920.

Pour peu qu'on mette au point une navigation partielle par chalands ou même par radeaux, on voit que la question des transports maritimes sera facilement résolue.

Enfin pour la préparation immédiate des stocks que les navires pourront bientôt embarquer, il est indispensable que des débouchés réguliers et durables soient assurés pendant quelques années aux bois des Colonies, par d'importants contrats passés par l'Etat, les Compagnies de chemins de fer et les municipalités. C'est à cette condition seulement que les producteurs pourront organiser leurs exploitations avec l'outillage mécanique et les méthodes modernes leur permettant d'abaisser peu à peu leur prix de revient et de concurrencer, au point de vue des prix, les bois de toute provenance.

Pour ce qui est des marchés passés par l'Etat, cette partie du programme à remplir est déjà, depuis deux ans, en voie d'exécution. Il faut donc continuer les achats officiels pour les Régions Libérées afin de sortir de ce cercle vicieux qui empêche d'exploiter aux Colonies les espèces que les industriels Français n'achèteront pas volontiers pour eux-mêmes, tant qu'ils n'auront pas vu les bois employés dans la construction ou commandés par les Services de l'Etat. L'intervention de l'Etat est absolument indispensable en l'occurrence, sinon, nous aboutirions fatalement à ce résultat, non moins paradoxal que désastreux, de nous forcer à acheter à l'étranger, moyennant une formidable exportation de notre or, des produits que nos Colonies tiennent à notre disposition en quantités surabondantes.

* *

Après avoir été importateurs, nous devons être un jour les premiers exportateurs de bois du monde entier.

Il faut pour cela que dans nos Colonies, le mot *Exploitation forestière* cesse d'être le synonyme de *Destruction de la forêt*.

Il faut enfin que nous nous décidions à aménager nos forêts coloniales et à favoriser, par une bonne organisation, la repousse naturelle des essences de choix, de manière à assurer la pérennité de cette production ligneuse et à enrichir constamment nos exploitations, plutôt que de tuer stupidement dès demain cette providentielle « Poule aux œufs d'or » !

A. BERTIN,
Inspecteur des Eaux et Forêts
Chef de la Mission forestière Coloniale.

LAVAL. — IMPRIMERIE L. BARNÉOUD ET Cⁱᵉ

# A LA MÊME LIBRAIRIE

**Mission d'Études Forestières envoyée dans les Colonies Françaises**, par les Ministères de la Guerre, de l'Armement et des Colonies : chef de mission, **Commandant A. Bertin**, inspecteur des Eaux et Forêts. — Membres : Capitaine G. Launois, inspecteur-adjoint des forêts; M. Bettenfeld, industriel en bois; F. Fleury, attaché au Museum.

**Tome I. — Les Bois de la Côte d'Ivoire.**
  Etat civil des bois usuels. — Liste des bois susceptibles d'une mise en œuvre immédiate. — Usages possibles pour les bois choisis. — Fiches indiquant les propriétés physiques de chacun de ces bois. — Répertoire des noms indiqués permettant d'identifier les espèces ligneuses de la forêt avec l'aide des prospecteurs indigènes.
  1 volume in-8°, avec 14 reproductions photographiques et une carte hors texte. . . . . . . . . . . . . . . . . . . . 7 fr. 50

**Tome II. — Les Bois du Gabon.**
  Etat civil des bois usuels. — Liste des bois susceptibles d'une mise en œuvre immédiate. — Usages possibles pour les bois choisis. — Fiches indiquant les propriétés physiques de chacun de ces bois. — Répertoire des noms indiqués permettant d'identifier les espèces ligneuses de la forêt avec l'aide des prospecteurs indigènes.
  1 volume in-8°, avec 34 reproductions photographiques et une carte hors texte. . . . . . . . . . . . . . . . . . . . 12 fr.

**Tome III. — La question forestière coloniale.**
  Situation du commerce des bois. — La question forestière aux Colonies. — La forêt tropicale. — Les exploitations coloniales. — Sylviculture coloniale. — Etude au point de vue des industriels de la Métropole. — Classement industriel des bois. — Rapport Bertin sur la question forestière aux colonies et sur les réalisations nécessaires pour l'intensification immédiate de la production des bois coloniaux.
  1 volume in-8°, avec 41 reproductions photographiques et 3 cartes hors texte . . . . . . . . . . . . . . . . . . 25 fr.

**Tome IV. — Les Bois du Cameroun.**
  Généralités et dernier rapport officiel allemand sur le Cameroun. — Etude spéciale de la forêt du Cameroun. — Prospections. — Etat civil des bois. — Exploitations. — Industrie forestière et Aménagements forestiers.     20 fr.

**Tome V. — Les Bois de la Guyane et du Brésil.**
  La forêt de la Guyane. — Prospections. — Etude botanique et technique des bois ouvrables. — Classement industriel des bois. — Aperçus botaniques. — Méthodes actuelles d'exploitation forestière. — Moyens propres à créer une industrie forestière en Guyane. — Les bois coloniaux, leur utilisation; mise en valeur des forêts coloniales; sauvegarde de nos forêts en France.
  1 volume in-8°, avec reproductions photographiques et cartes.     18 fr.

## EN PRÉPARATION

**Tome VI. — Les Bois du Mayombe (Moyen Congo).** — Etude de la forêt sur le tracé du chemin de fer français en construction de Brazzaville à la Côte, par le Commandant Sargos, Inspecteur-adjoint des Eaux et Forêts... *sous presse.*

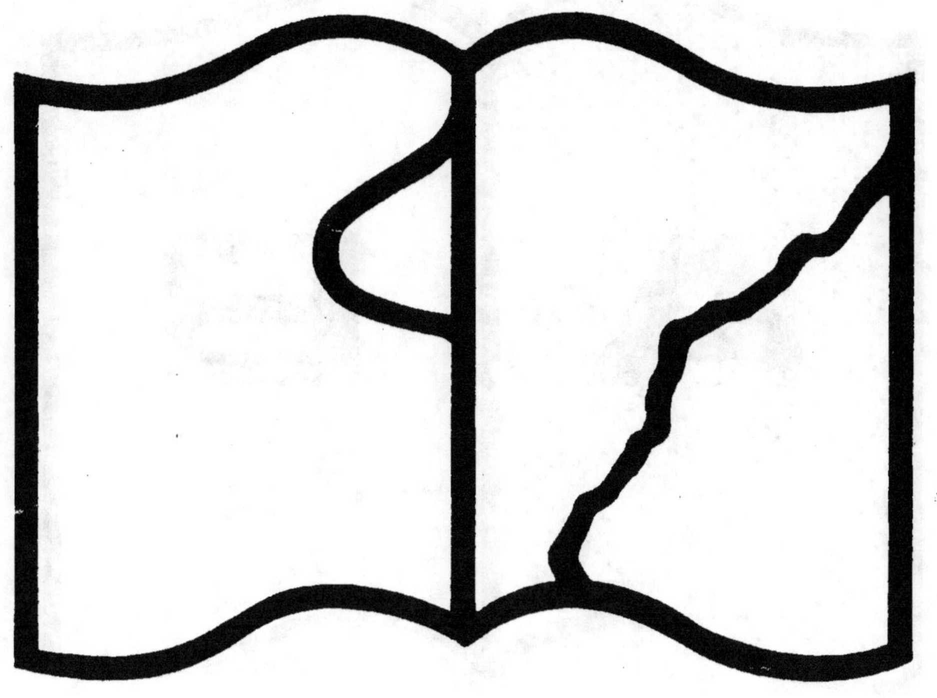

Texte détérioré — reliure défectueuse

**NF Z 43**-120-11

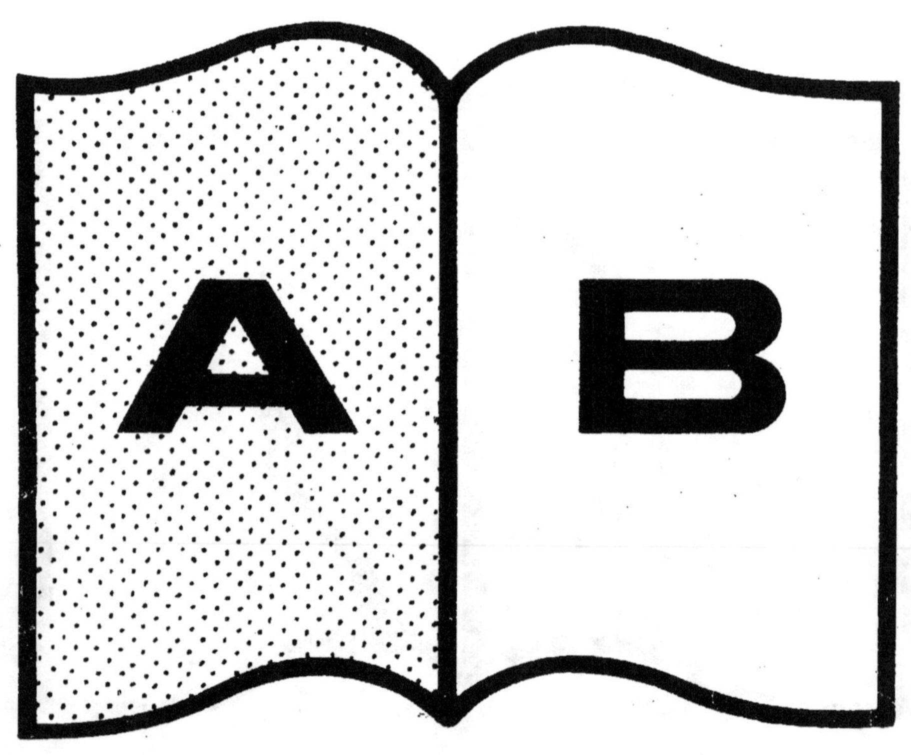


Contraste insuffisant

**NF Z 43**-120-14

www.ingramcontent.com/pod-product-compliance
Lightning Source LLC
Chambersburg PA
CBHW051634060726
47597CB00004B/1568